ENEAGRAMA

El Camino Del Autodescubrimiento, Crecimiento Personal, Y Las Relaciones Saludables.

Descubre Tu Camino Con Los 9 Tipos De Personalidad (Guía Para Principiantes)

Tabla de Contenidos

Introducción 5
Capítulo Uno - Entendiendo el Eneagrama 10
   Qué significa la figura del eneagrama 10
   Cómo identificar su tipo de personalidad 16
   Acerca de los niveles 17
Capítulo Dos - El Reformador (Tipo 1) 21
   Quince signos de que eres un Reformador 21
   El Reformador: Una visión general 23
   Los niveles del reformador 25
   Las alas del reformador 30
   Consejos para el Reformador 34
Capítulo Tres - El Ayudante (Tipo 2) 38
   Quince signos de que eres un ayudante 38
   El Ayudante: Una visión general 39
   Niveles del Ayudante 41
   Las alas del ayudante 45
   Consejos para el Ayudante 48
Capítulo Cuatro - El Triunfador (Tipo 3) 51
   Quince señales de que eres un triunfador 51
   El Triunfador: Una visión general 53
   Los Niveles de Triunfador 54
   Las alas de los triunfadores 58
   Consejos para el Triunfador 62
Capítulo Cinco - El Individualista (Tipo 4) 64
   Quince signos de que eres un individualista 66
   El panorama individualista 67
   Los niveles individualistas 70
   Las alas individualistas 74
   Consejos para el individualista 77
Capítulo Seis - El Investigador (Tipo 5) 79
   Quince signos de que eres un investigador 79
   La descripción general del inspector 81

- Los niveles de los investigadores 83
- Las alas del investigador 87
- Consejos para el investigador 89

Capítulo Siete - El Leal (Tipo 6) 92
- Quince señales de que eres Leal 92
- Descripción general de una persona Leal 94
- Los niveles de lealtad 97
- Las alas leales 100
- Consejos para la persona Leal 104

Capítulo Ocho - El Entusiasta (Tipo 7) 106
- Quince signos de que eres un entusiasta 106
- La visión general del entusiasta 108
- Los Niveles del Entusiasta 110
- Las alas entusiastas 113
- Consejos para el Entusiasta 119

Capítulo Nueve - El Retador (Tipo 8) 122
- Quince señales de que eres un Retador 122
- Descripción general del Retador 124
- Los niveles del Retador 127
- Las alas del Retador 131
- Consejos para el Retador 134

Capítulo Diez - El Pacificador (Tipo 9) 137
- Quince signos de que eres un pacificador 138
- Descripción general de Pacificador 140
- Los Niveles del Pacificador 144
- Las alas del Pacificador 148
- Consejos para el Pacificador 152

Conclusión 154

Introducción

El mundo en el que vivimos es un lugar complejo, lleno de voces, influencias e ideas muy diferentes. Puede ser un desafío permanecer centrado y permanecer fiel a lo que eres, conocer y entender quién eres realmente, y tomar las medidas apropiadas basadas en este autoconocimiento vital.

¿Busca claridad en un mundo que a menudo puede ser confuso? ¿Quiere crecer personalmente, con la confianza de que está creciendo en la dirección correcta? Tal vez usted busca una mejor comprensión de sus seres queridos. Una forma de evitar el conflicto y lograr más armonía. Para saber con qué socios eres compatible y para profundizar en esas relaciones. Si es así, el Eneagrama podría ser la solución que usted ha estado buscando.

Las teorías modernas relacionadas con el Eneagrama se atribuyen a las enseñanzas de George Gurdjieff, Oscar Ichazo y Claudio Naranjo. Es un sistema de nueve tipos de personalidad diferentes y combina los considerables beneficios de la psicología moderna y la sabiduría tradicional. Puede ser utilizado como una herramienta poderosa para entendernos a nosotros mismos y a los demás. También se ha utilizado ampliamente en los ámbitos de la espiritualidad y los negocios, específicamente en las áreas de formación de equipos, desarrollo de liderazgo y habilidades de comunicación.

En este libro, aprenderás los principios y principios básicos del Eneagrama y recibirás contornos completos y reveladores de cada tipo de personalidad individual. Descubrirá su propio "tipo" particular a lo largo del camino - hay nueve en total - y las diversas fortalezas y desafíos que lo acompañan. Usted llegará a entender cómo usar estas fortalezas en su beneficio y cómo superar y trascender los problemas únicos con los que su tipo particular podría tener que lidiar.

Durante toda mi vida, he tenido una profunda pasión por el autodesarrollo y las pruebas de personalidad. Va más allá del interés cotidiano; mi vida ha sido verdaderamente moldeada por mis descubrimientos. Y mi profundo conocimiento del Eneagrama me ha permitido leer a la gente de una manera que la mayoría de la gente no puede. Al identificar mi tipo de personalidad, finalmente pude identificar mis verdaderas necesidades. Si no sabes cuáles son tus necesidades, ¿cómo puedes esperar satisfacerlas?

He descubierto por experiencia personal que al profundizar y aprender quién soy realmente, mi vida es más rica y significativa. También soy capaz de tomar mejores decisiones cuando se trata de las cosas más importantes de la vida. Soy un Eneagrama Tipo Cuatro y este conocimiento me ayuda a conocer mis debilidades, a caminar ágilmente alrededor de ellas y a capitalizar y darme crédito por mis fortalezas. En cierto modo, lo hace más fácil cuando sé que hay una razón para todo esto. ¡No es mi culpa, es porque soy un Cuatro!

Este libro puede ser usado como una guía a lo largo de su camino hacia el autodescubrimiento. Puedes usarlo como una herramienta para entenderte más profundamente e identificar tus rasgos dominantes. Proporciona todo lo que necesitas saber para lidiar con todas tus maravillosas idiosincrasias y para lograr el crecimiento personal a lo largo del camino. El libro también puede proporcionar información adicional. Al identificar los "tipos" de nuestros seres queridos -ya sean amigos, parejas o miembros de la familia- logramos una mejor comprensión de cómo hacer que estas relaciones funcionen y, además, cómo profundizarlas. La comunicación puede mejorarse y los conflictos pueden reducirse.

Personas de todo el mundo y de todas las generaciones han dado su testimonio sobre el impacto positivo del Eneagrama en sus vidas. Esto puede manifestarse de muchas maneras. Los ejemplos incluyen el reconocimiento de los patrones mentales que subyacen a las emociones. Desarrollar la autoconciencia, como aprender sobre el significado de las sensaciones corporales, como la tensión. Comprender las estrategias que utilizamos para la autopreservación. Poseer sus propias emociones y establecer límites. Permitiendo la vulnerabilidad y accediendo a tu propia sabiduría innata.

Este libro proporciona una guía definitiva de todo lo que necesita saber sobre el Eneagrama y cómo utilizar el conocimiento que éste proporciona. Descubrirá su tipo. Conocerá sus fortalezas y debilidades potenciales. Obtenga acceso al poder de la autocomprensión. Tendrá un análisis más profundo y una visión de quién eres realmente y de la personalidad de todos los que te rodean. ¡Imagine lo útil que sería obtener información sobre su malhumorado compañero de trabajo o su difícil jefe! Y en su vida romántica: imagina la ventaja que tendrá a la hora de evaluar a sus posibles parejas e incluso de evitar repetir los patrones de relaciones poco saludables de su pasado.

La vida es corta. ¿Por qué perder el tiempo en la confusión cuando la claridad puede ser tuya? El Eneagrama y los conocimientos que revela pueden ser un excelente punto de partida. Se dice que una vida no examinada no vale la pena vivir. El Eneagrama puede proporcionar la conciencia que es, en última instancia, la clave de todo cambio y conduce a beneficios de gran alcance.

Los comportamientos inconscientes y los desencadenantes se ponen en primer plano, lo que nos permite finalmente hacer frente a ellos. No solo puede crecer personalmente, sino que también puede mejorar sus relaciones, tanto en el lugar de trabajo como con sus amigos y seres queridos.

La información relacionada con el Eneagrama que se encuentra en este libro ha llevado a que la vida cambie y tenga consecuencias positivas de gran alcance para muchos. Únase a las filas crecientes de personas que han experimentado cambios maravillosos en sus amistades, carreras, relaciones románticas y desarrollo personal.

Hace dos mil años, cuando los peregrinos se acercaban al templo sagrado de Delfos, eran recibidos por el signo: "Conócete a ti mismo". Este sabio consejo es igual de relevante hoy en día. El autoconocimiento es poder. Pero primero tiene que buscarlo. Entonces úselo. Este libro puede ayudarlo a hacer precisamente eso.

Capítulo Uno - Entendiendo el Eneagrama

Hay muchas pruebas de personalidad en el dominio público. Es posible que haya oído hablar de algunos de ellos. El test de personalidad de Myers Briggs es uno de los más famosos, y puede que lo haya hecho usted mismo. Pero me atrevería a decir que el Eneagrama es más que una prueba de personalidad. Se describiría con mayor precisión como una herramienta inmensamente poderosa para la transformación personal, por no hablar de la transformación colectiva.

Entonces, ¿qué es este enigma conocido como el Eneagrama? Para profundizar un poco más en su verdadero significado y orígenes, primero vamos a examinar el símbolo que lo representa.

Qué significa la figura del eneagrama

El símbolo o figura del Eneagrama se compone de tres formas individuales, cada una de las cuales tiene su propio significado. Primero examinaremos el círculo subyacente:

El Círculo

No será ninguna sorpresa que el círculo represente la totalidad o la unidad de la vida - como en el Círculo de la Vida. El círculo también sirve como una especie de contenedor dentro del cual conducimos nuestras vidas. A medida que navegamos a través de nuestra vida, la fragmentación puede ocurrir, a menudo debido al ego. El objetivo es alcanzar la conciencia de que nunca hemos perdido nuestra integridad.

El Triángulo

En muchas culturas, el tres es considerado como un número místico y mágico. Esto se conoce a veces como la Ley de los Tres. Esta ley sostiene que cada fenómeno consiste en tres fuerzas individuales. Cuando hay tres fuerzas presentes, las cosas comienzan a suceder. Pero con solo una o dos fuerzas disponibles, no pasa nada en absoluto. Cada fuerza tiene un nombre diferente. La primera es conocida como la fuerza activa o positiva o motivadora. La segunda se llama la fuerza negativa o pasiva o negadora y la tercera se llama la fuerza neutralizadora, facilitadora o invisible. Como ley esotérica, la Ley de los Tres funciona tanto en nuestro mundo interior como en nuestro mundo exterior. Usted podría ser capaz de observarlo en sus interacciones con otras personas.

Existen numerosos ejemplos culturales de la Ley de los Tres. Uno de los más generalizados y con el que la mayoría de la gente estará familiarizada es el concepto de la santísima trinidad, el padre, el hijo y el Espíritu Santo, que se basa en la tradición cristiana.

El Hexad

El Hexad es un símbolo más inusual e irregular que tiene su origen en el Sufismo - la rama mística del islam. En realidad, es una figura de seis puntas, pero sigue siete puntos, desde el principio, a través de seis cambios de impulso, y luego de vuelta a su origen, que se considera el séptimo punto. Representa la Ley de Siete, que a veces se conoce como la ley de octava. Propone que el fenómeno evoluciona en siete pasos. Junto con la Ley de los Tres, Gurdjieff, uno de los principales defensores del Eneagrama, creía que la Ley de Siete era una ley global y esencial para su cosmología.

La Ley de los Siete establece que el camino del movimiento ya sea hacia o lejos de cualquier cosa, no ocurre en línea recta. Más bien, hay períodos de esfuerzo, caída y esfuerzo de nuevo - una especie de subida y bajada de energías a lo largo del camino.

Estas tres formas se superponen para crear el símbolo del Eneagrama. Las líneas del símbolo del Eneagrama muestran un camino hacia una vida más rica y plena. Se fomenta la auto observación para evitar los diferentes desencadenantes de nuestra personalidad que pueden llevarnos a equivocarnos.

Los números, del uno al nueve, en el símbolo del Eneagrama, representan los nueve tipos de personalidad diferentes. La relación entre los números se demuestra por las líneas que los conectan entre sí. Cada número solo está conectado a otros dos números.

Acerca de las Alas

Ninguna persona está compuesta puramente de un solo tipo de personalidad. Cada uno es una mezcla de su tipo principal junto con uno de los dos tipos junto a él en la figura del Eneagrama. Cualquier tipo adyacente con el que más se identifique se conoce como su "ala".

Su ala dominante se indica por la puntuación más alta de uno de los tipos que existen a cada lado de su tipo básico. Por ejemplo, si su tipo básico es Tres, su ala será Dos o Cuatro, cualquiera que tenga la puntuación más alta. Cabe señalar que la segunda puntuación global más alta en su prueba de eneagrama no es necesariamente la de su vela.

La idea es que los tipos de alas tienen una influencia extra en tu tipo básico.

Las Tríadas (o Centros)

Los nueve tipos de personalidad del Eneagrama están dispuestos en tres tríadas, también conocidas como centros. Tres de los tipos están en el centro instintivo (Uno, Ocho y Nueve), tres en el centro del sentimiento (Dos, Tres y Cuatro) y tres en el centro del pensamiento (Cinco, Seis y Siete). Las tres personalidades que ocupan el mismo centro comparten las mismas fortalezas y debilidades entre sí.

Cada tríada o centro está asociado con una emoción en particular. El centro instintivo está asociado con la ira, mientras que el centro de sentimientos tiende a sentir más vergüenza. Y el centro de pensamiento está ligado a los sentimientos de miedo. Por supuesto, todas y cada una de las personas pueden estar sujetas a todas y cada una de las emociones, pero en cada tríada, las personalidades asociadas con ella se ven especialmente afectadas por el tema emocional de esa tríada. Encontrarás que cada tipo de personalidad tiene una manera particular de lidiar con su emoción dominante.

Los tres números dentro de cada tríada o centro tienen un patrón que siguen. El primer número en cada tríada *expresa* la emoción en la que está hipercentrado. Así que los tipos Ocho, Dos y Cinco expresan y externalizan sus emociones. Esto significa que Ocho exterioriza la ira, Dos exterioriza la vergüenza y Cinco exterioriza el miedo.
Esto significa que ellos proyectan la emoción hacia afuera o la experimentan fuera de sí mismos. Cuando estas personalidades experimentan estas emociones, se manifiestan justo frente a nosotros.

El segundo número en cada centro *reprime* la emoción en la que se enfoca. Es decir, nueve, tres y seis. Entonces Nueve reprime la ira, Tres reprime la vergüenza y Seis reprime el miedo. En otras palabras, hacen todo lo posible para fingir que la emoción no existe para ellos.

El tercer número de cada centro *interioriza* la emoción con la que más se asocia. Así, Uno, Cuatro y Siete tratan de internalizar sus emociones. Uno interioriza la ira, Cuatro interioriza la vergüenza y Siete interioriza el miedo. Estas personalidades experimentan estas emociones interiormente o las entregan en sí mismas. Esto es diferente a la represión porque todavía sienten la emoción que están ocultando, pero eligen no mostrarla. Esto puede llevar a estos tipos de personalidad, especialmente a los Cuatro, a incubar.

Cómo identificar su tipo de personalidad

Los siguientes capítulos proporcionan una guía completa de los nueve tipos de personalidad diferentes, presentados en orden numérico. Cada capítulo comienza con una lista de verificación que consta de quince preguntas que debe hacerse para determinar si es probable que sea de ese tipo en particular.

Sería una buena idea mantener un registro del tipo de personalidad para el que se marcan la mayoría de los enunciados. Esta práctica debe identificar su tipo de personalidad. De manera similar, lleve un registro del tipo de personalidad adyacente para el que obtiene la mayor puntuación. Esta será tu ala dominante.

Es bastante común encontrar un poco de usted en los nueve tipos de personalidad del Eneagrama, aunque uno de ellos debería destacarse como el más cercano a usted. Este es su tipo básico.

Todos estamos familiarizados con el debate en curso entre la naturaleza y la crianza. En términos del Eneagrama, los expertos coinciden en que nacemos con un tipo dominante. Este temperamento innato parece determinar las maneras en que nos adaptamos a nuestro entorno de la primera infancia.

Las personas no cambian de un tipo de personalidad a otro. Por ejemplo, si nace como Uno, permanecerá como Uno durante toda tu vida. Hay otros puntos que vale la pena tener en cuenta. Todos los tipos se aplican por igual a hombres y mujeres. Y un número mayor en la escala del Eneagrama no es mejor ni peor que un número menor. En otras palabras, un ocho no es mejor que un tres o viceversa. Cada tipo tiene sus propias fortalezas y debilidades inherentes. Ningún tipo de personalidad del Eneagrama es mejor o peor que otro. Todos debemos esforzarnos por ser lo mejor de nosotros mismos en lugar de tratar de emular a otros tipos.

Acerca de los niveles

Por supuesto, no todas las personas del mismo tipo serán exactamente iguales. Esto es obvio cuando consideramos la diversidad de los seres humanos que nos rodean. Entonces, ¿qué es lo que explica estas diferencias?

Cada tipo de personalidad se compone de nueve niveles de desarrollo. Don Riso llegó por primera vez a esta hipótesis en 1977. Riso, junto con Russ Hudson, desarrolló la idea en la década de 1990. El concepto de los niveles añade profundidad a nuestra comprensión del sistema del Eneagrama y explica tanto las diferencias que surgen entre personas del mismo tipo como también cómo las personas pueden cambiar, positiva o negativamente.

Los niveles de desarrollo proporcionan una comprensión más profunda de la explicación de los diferentes elementos contenidos dentro de un tipo de personalidad. Esto se relaciona con la complejidad de la naturaleza humana. Los niveles de desarrollo nos proporcionan una especie de marco esquelético que nos permite ver cómo todos los rasgos de un tipo particular están interrelacionados, y cómo un rasgo saludable puede llegar a ser promedio, o puede llegar a ser insalubre. Por supuesto, esto también puede funcionar en la dirección opuesta.

Los niveles nos muestran que la personalidad es dinámica y siempre cambiante. Nos ayuda a entender que las personas pueden cambiar estados dentro de su personalidad, cambiando dentro del espectro de rasgos que componen su tipo de personalidad.

Puede ayudar significativamente en nuestra comprensión de los demás el evaluar si alguien está en su nivel de funcionamiento saludable, promedio o insalubre.

Los nueve niveles de desarrollo se componen de tres niveles en el segmento saludable, tres niveles en el segmento promedio y tres niveles en el segmento no saludable. Las sombras de gris abundan.

El continuo de los niveles de desarrollo es el siguiente:

Saludable

Nivel 1: El nivel de liberación
Nivel 2: El nivel de capacidad psicológica
Nivel 3: El nivel de valor social

Promedio

Nivel 4: El nivel de desequilibrio/rol social
Nivel 5: El nivel de control interpersonal
Nivel 6: El nivel de sobrecompensación

Insalubre

Nivel 7: El nivel de violación
Nivel 8: El nivel de obsesión y compulsión
Nivel 9: El nivel de destructividad patológica

Intenta ser lo más honesto posible a la hora de evaluar su propio nivel. Aunque esto a veces puede exponer verdades incómodas, es el camino más seguro para el crecimiento personal.

Los niveles se pueden entender en términos de nuestra capacidad de estar presentes. Cuanto más descendemos en los niveles, menos presentes estamos y más nos identificamos con el ego y sus patrones negativos. Cuanto más bajos son los niveles a los que vamos, más defensivos, compulsivos y destructivos nos volvemos. Tendemos a ser menos libres, menos conscientes de nosotros mismos y a actuar en un nivel más subconsciente.

Por el contrario, a medida que avanzamos en los niveles, nos hacemos más y más presentes. Somos menos destructivos y cada vez más libres y abiertos. Somos mucho más conscientes de nosotros mismos y más astutos. Es menos probable que nos dejemos atrapar por la negatividad.

Hacerse más presente nos permite ser más objetivos sobre nuestra personalidad y nos volvemos adeptos a la auto observación. Esto nos hace más efectivos en todas las áreas de nuestras vidas, ya sea en las relaciones o en nuestra carrera. Puede traer paz y alegría genuinas a lo que sea que estemos haciendo.

Capítulo Dos - El Reformador (Tipo 1)

También conocido como el Perfeccionista

Quince signos de que eres un Reformador

1. Se esfuerza por hacer del mundo un lugar mejor para vivir. Usted es capaz de ver, en detalle, lo que está mal en una situación y está dispuesto a tomar las medidas necesarias para rectificar las cosas.

2. Usted posee un sentido muy fuerte de que tiene un propósito de vida o una misión que cumplir.

3. Otras personas a menudo lo describen como responsable, confiable y rebosante de sentido común. A veces también pueden acusarte de no tener sentimientos. (¡Tienes sentimientos, solo los mantienes dentro!)

4. Piensa que tiene que hacerlo todo perfectamente, llegando incluso a pensar que usted debe ser perfecto.

5. Usted es muy auto disciplinado - a veces hasta el punto de tener la culpa. Usted tiene poco o ningún problema para cumplir con un horario o una rutina.

6. Odia sentirse estancado y siempre anhelas ser útil de alguna manera.

7. Siente que tiene que controlar todos sus deseos y necesidades muy fuertes.

8. Es de vital importancia para usted que "haga lo correcto"

9. Tiene un miedo intenso de cometer errores o equivocaciones.

10. Tiende a experimentar tensión en sus hombros, cuello y mandíbula.

11. A veces le toma más tiempo que la persona promedio para completar una tarea, lo que es, por supuesto, debido a su ojo excepcional para los detalles.

12. Puede ser muy crítico contigo mismo y con los demás.

13. Puede experimentar decepción y frustración en esos momentos en que la realidad no satisface sus expectativas.

14. Se mantiene a estándares muy altos de excelencia.

¿Esto te suena a ti?

El Reformador: Una visión general

El perfeccionismo puede ser un arma de doble filo. Por un lado, puede causar resultados impresionantes y maravillosamente satisfactorios. Por otro lado, puede llevar a una autocrítica hiriente e incluso a la inacción, en la que el perfeccionista podría ni siquiera comenzar una tarea por miedo al fracaso.

El Tipo Uno del modelo del Eneagrama no carece en absoluto de rasgos admirables como la fiabilidad, la honestidad, el sentido común, la integridad y la nobleza. De hecho, este tipo puede ser francamente heroico. Sin embargo, podrían aprender a ser más amables consigo mismos. Aunque generalmente no se recomienda reducir sus estándares, algunos a veces podrían beneficiarse de tomar tales consejos, ya que las expectativas que acumulan sobre sí mismos, y sobre otros, pueden ser poco realistas y castigadoras.

Este tipo desea hacer del mundo un lugar mejor, ¡¿y qué es lo que no le gusta de eso?! Los ideales elevados están a la orden del día, junto con un fuerte sentido de propósito. ¡Estas personas hacen las cosas bien!

También puede reconocer a un Uno por su meticulosa atención a los detalles: ese compañero de trabajo en el que siempre puedes confiar. Es cierto que pueden tardar más tiempo que la mayoría en completar la tarea, pero el resultado final será, sin duda, impecable. O podría ser el amigo con la increíble autodisciplina, que se mantendrá a la dieta o el régimen de ejercicio y cuya membresía en el gimnasio se utilizará más allá de la tercera semana de enero.

Si desea conservar los buenos libros de One, asegúrese de cumplir sus promesas. Nunca diga que va a hacer algo y luego retrocede u se olvida de eso. Este es un completo no-no y rompe su código ético. ¡Esta buena gente nunca te haría lo mismo! Y no olvide tomarte las cosas en serio. Este tipo no aprecia una actitud frívola. Los sorprenderá y deleitará si usted se une a ellos para especular sobre cómo se pueden mejorar las cosas en el mundo, y hará que todos sus sueños se hagan realidad al tomar acción. Anímelos también a ser menos críticos consigo mismos. Enséñeles que un poco de auto amabilidad llega muy lejos. Por encima de todo, el Uno necesita un amigo que pueda convencerlos de que se diviertan y de que se tomen la vida - y a sí mismos - un poco menos en serio.

Los niveles del reformador

Saludable

Heroísmo

Los Tipos Uno en el Eneagrama son las cosas de las que están hechos los héroes. Me viene a la mente un hombre llamado Gandhi. Él encarnaba las cualidades de Aquel que estaba en su mejor momento, en su capacidad de extraordinaria sabiduría y discernimiento. Su humanidad inspiró una inmensa lealtad e hizo de él un gran líder que miles de personas se sintieron obligadas a seguir. Y no necesitamos buscar más allá de Juana de Arco un ejemplo histórico de Aquella que elevó a muchos y creó el cambio a través del coraje de su convicción y su disposición al sacrificio personal.

No todos pueden ser Gandhi o Juana de Arco, pero dentro de su propia esfera privada de influencia, no importa cuán grande o pequeña sea, a menudo pueden realizar actos de heroísmo cotidiano.

Acción práctica

Una cosa es tener ideales elevados. Otra cosa muy distinta es actuar de acuerdo con ellos. Pero el Uno es un maestro de la acción práctica, esforzándose siempre por ser útil, por arreglar las cosas que consideran rotas y por cumplir su poderosa misión en la vida. Estas personas ponen su dinero donde está su boca. No tienen reparos en hacer sacrificios personales para servir a una causa superior.

Lealtad

El reformador no dirá una cosa y luego hará otra. Son impecables con su palabra. Tampoco harán promesas de hacer algo y luego no hacerlo. Si tiene la suerte de tener la amistad de un Uno, sabes que tiene a alguien que siempre lo apoyará.

Atención al detalle

Uno no dejará un trabajo a medio hacer. Tampoco entregarán un proyecto de mala calidad. Siempre se esfuerzan por alcanzar la excelencia, en pensamiento, palabra y obra. Este tipo siempre está empujando el sobre y elevando los estándares - para ellos mismos y para el mundo en el que viven. Considere estos prominentes en las áreas de política, negocios y entretenimiento. Gente como: Nelson Mandela, Michelle Obama, Anita Roddick (The Body Shop), Martha Stewart, Dame Maggie Smith y Meryl Streep, Confucious, Margaret Thatcher, Plato, George Bernard Shaw, Noam Chomsky, Emma Thompson,

Jane Fonda, Jerry Seinfeld, George Harrison, Hilary Clinton, Jimmy Carter, Prince Charles.

Integridad

El profundo sentido de integridad hace de él o ella un excelente maestro y, en general, un testigo y defensor de la verdad. Tienen principios hasta el fondo y los mantendrán incluso a costa de su propia seguridad o comodidad. Puede confiar en que siempre harán lo correcto, incluso si esto va en contra de la sabiduría convencional o de la opinión pública. El Reformador no será sacudido de lo que él o ella cree que es correcto y bueno.

Neutro o Promedio

Insatisfacción

El Reformador en este nivel piensa que depende de ellos arreglar todo. ¡Sienten que saben cómo se debe hacer todo 'y que es su deber absoluto decirles a todos los demás lo que deben hacer también!

Rigidez

Esta rigidez es causada por el miedo a cometer un error. Todo tiene que estar exactamente bien. No hay margen de error alguno, ni para el propio reformador ni para quienes lo rodean.

Demasiado crítico

El reformador dirige esta crítica - no solo a sí mismo - sino también a los demás. ¡Sienten la necesidad de corregir a las personas constantemente, y no de una manera especialmente sensible! Muy bajo nivel de satisfacción.

Insalubre

¡El infierno es otra gente!

No siempre es fácil ser un reformador. Encontrará constantemente a aquellos con sistemas de valores diferentes a los suyos y esto podría alterar sus ideales de alta mentalidad e insistencia en la excelencia. Puede llevarlo a ser justiciero, intolerante, dogmático o inflexible. Puede juzgar severamente a los demás por su incapacidad para ver las cosas de la misma manera que usted.

Obsesión

Existe el riesgo de que los Unos se vuelvan obsesivos por naturaleza. Esto puede manifestarse de varias maneras. Uno de ellos se encuentra en el área de la dieta y la nutrición. En casos extremos, la búsqueda de autocontrol del reformador puede llevar a condiciones como anorexia y bulimia. Algunos también pueden recurrir al alcohol para aliviar el estrés al que se someten. El trastorno obsesivo compulsivo también es un peligro para este tipo.

Ira

El reformador puede enojarse muy fácilmente y este enojo a menudo puede tener un matiz de arrogancia. La ofensa puede ser tomada fácilmente, de la negativa de otras personas a hacer lo que Uno cree correcto. Este enojo - por más justo que sea - desafortunadamente puede tener el efecto de alienar a otros. Esto es una gran lástima, ya que los Unos a menudo tienen un punto muy válido que hacer. Reprimir este enojo tampoco es la respuesta, ya que esto podría manifestarse en problemas de salud como presión arterial alta o úlceras.

Depresión

Este es un destino que puede ocurrirle a una persona con una personalidad dominante de Tipo Uno, cuando el rasgo toma un giro malsano. Un reformador menos que saludable puede ser extremadamente condenatorio, por no mencionar cruel, para sí mismo y para los demás. Las depresiones, las crisis y los intentos de suicidio son el peor resultado posible aquí.

Estándares irrealmente altos

Los de tipos Uno de eneagrama pueden luchar con una intensa decepción cuando la realidad no está a la altura de sus expectativas. Puede hacer que parezcan demasiado negativos o críticos de otros miembros de la familia, amigos o compañeros de trabajo. Puede convertirlos en maestros de tareas muy duras, pedantes e implacables. No es agradable estar en el lado receptor de las constantes críticas y decepciones de una persona malsana por sus esfuerzos.

¡Pero no todo es pesimismo!

Entonces, si usted es de Tipo Uno, un Perfeccionista, un Reformador, ¿cómo puede evitar los posibles escollos y sacar lo mejor de lo que su tipo de personalidad tiene para ofrecer?

<u>Las alas del reformador</u>

Tipo Uno con dos alas (1W2)

¿Qué obtienes cuando cruzas un Tipo Uno con un Tipo Dos? Bueno, para empezar, el Uno se vuelve menos reprimido y un poco más equilibrado emocionalmente por la dirección de los dos y el deseo de complacer a los demás.

A menudo se trata de una persona muy ordenada y de aspecto muy ordenado. El Uno les da una propensión al perfeccionismo y el Dos les hace más sensibles a la crítica. En otras palabras, no quieren ser criticados por su apariencia. Así que su pelo será perfecto y la ropa también lo será. Es posible que se comporten de forma muy correcta y que parezcan tener una actitud bastante condescendiente.

Este subtipo es muy duro para sí mismo. Harán todo lo posible para hacer lo correcto y si también pueden complacer a otros en el proceso, eso es aún más preferible.

La versión saludable de un ala con dos alas es una versión más relajada de uno completo con menos inclinación a ser justamente crítico. ¡Realmente pueden creer y admitir que no siempre tienen razón!

A Uno le gusta corregir a los demás. Con la influencia de los Dos, las correcciones se vuelven más útiles y menos intrusivas. También son más capaces de tolerar las diferencias con el beneficio del ala Dos.

Si el Reformador con el ala Dos experimenta una especie de despertar espiritual, puede llegar a ser un maestro muy inspirador que puede traer alegría y compasión a su práctica. Uno es sabio y Dos es amoroso. En el mejor de los casos, este subtipo puede ser un buen amigo que siempre parece saber lo que tiene que decir o hacer.

Pero ¡oh, Dios mío! Las cosas pueden empeorar cuando el Reformador no está emocionalmente sano y maduro. El perfeccionismo del Uno combinado con el orgullo del Dos puede llevar a problemas. Puede llegar a ser un gran conflicto interno. La introspección autocrítica se acelera y puede ir acompañada de ataques de rabia que descienden hacia el auto juicio y el remordimiento.

Cuando no es saludable, la ira y el orgullo se combinan para crear desesperación. Aquí, el Uno con un ala de Dos se castigará a sí mismo sin parar y el suicidio podría ser el resultado final.

No es de extrañar que el Reformador con dos alas disfrute de un trabajo que implica ayudar a otras personas a ser perfectas. Ejemplos de ello serían los profesores, dietistas y jueces.

Tipo Uno con Nueve alas (1W9)

La combinación del perfeccionismo y el juicio del Tipo Uno con el retiro del estrés del Tipo Nueve hace que sea un subtipo tranquilo, conservador y algo reprimido. No muestran mucha emoción y parecerán muy estrictos, silenciosos y prácticos. También son lentos para expresar sus puntos de vista, pero por lo general actúan a partir de un juicio de principios.

Pueden, por supuesto, brillar cuando están emocionalmente sanos y maduros. Aquí aprenderán a acceder a un calor interior y a ser capaces de ponerlo en primer plano. Aunque todavía pueden ser un poco críticos, tienen en cuenta el hecho de que a veces son capaces de equivocarse. Y, de todos modos, no importa tanto después de todo. En esta etapa aprenden a controlar la propensión de los Nueve a retirarse bajo estrés y esto les permite participar más plenamente en la vida. Son gentiles, responsables, amantes de la diversión y capaces de relajarse y simplemente dejarse llevar.

En su mejor momento, estarán cada vez más alegres y participarán en la vida con mucho gusto. Tendrán una alta autoestima en este nivel. La sabiduría del Uno se fusionará con el altruismo de los Nueve y les permitirá obtener un avance espiritual significativo.

Pero este subtipo también puede ser insalubre y cuando lo son, pueden intentar ejercer demasiado control sobre sus emociones, lo que les dará una rigidez física puntuada por fisuras de energía explosiva.

Las emociones reprimidas están siempre presentes bajo la superficie y se encontrarán como tipos "nerviosos". Serán hostiles y retraídos y sufrirán odio a sí mismos. Pueden ser muy sospechosos y participar en un comportamiento pasivo-agresivo. La mayor parte de esto será embotellado.

Si las cosas se desintegran aún más, pueden parecer robóticas y ritualistas. La ansiedad por realizar las rutinas a la perfección puede llegar a ser extrema. Pueden caer en la psicosis y quedar paralizados por la inacción.

Esta variante del Uno se mantiene erguida y ofrece pocas sonrisas, pero genuinas. Es posible que se sientan atraídos por trabajos que expresen su talento para realizar tareas precisas, como la contabilidad o la programación informática.

Consejos para el Reformador

Sé que no pediste consejo, ¡pero te lo daremos de todos modos! Como Reformador, usted probablemente no siente que necesita ningún consejo, debido a su sentido más alto que el promedio de lo que está bien y mal y a su intenso sentimiento de propósito. Y tienes razón, hasta cierto punto. Cada uno de nosotros necesitamos seguir nuestra propia estrella. Sin embargo, todos tenemos nuestras debilidades también, y a veces puede ser muy útil tener un segundo ojo, por así decirlo, para darnos un mayor sentido de perspectiva.

1. Tenga en cuenta que no todo el mundo verá el mundo en términos en blanco y negro como usted. Hay numerosos tonos de gris y a veces hay que tener en cuenta el término medio.

2. Encuentre una forma saludable de expresar y liberar su ira, una que no implique que otro ser humano tenga que sentir toda su ira, pero al mismo tiempo, significa que no lo reprime todo, lo que podría conducir a graves problemas de salud para usted. También puede ayudar a encontrar menos razones para estar enojado. Aceptar las imperfecciones de otras personas, ¡tal vez! No olvide que la gente puede ser caótica. Si alguien llega tarde a una cita, no significa necesariamente que le falte el respeto o que no valore su tiempo. Podrían estar luchando con el desorden de sus propias vidas. Sea menos crítico con los demás. Y mientras lo haces, ¡sé menos crítico contigo mismo también!

3. Tengan en cuenta la famosa oración de la serenidad: Concédeme la serenidad para aceptar las cosas que no puedo cambiar, el valor para cambiar las cosas que puedo y la sabiduría para conocer la diferencia.

4. Tenga en cuenta que usted tiene una tendencia a almacenar la tensión en su cuerpo, particularmente en la línea de la mandíbula, el cuello y los hombros. Considere la posibilidad de tomar medidas para contrarrestar esto, como la meditación, el masaje u otras técnicas de relajación. ¡Y por qué no intentar divertirse! Este es un excelente y comprobado camino hacia la relajación. Después de todo, a nadie le gusta un mártir.

5. Es posible que usted haya tenido padres con expectativas muy altas de usted. Si este es el caso, tal vez sea el momento de volver a ser padre y mostrar más suavidad y amabilidad. Recuerda: "Los ángeles vuelan porque se toman a sí mismos a la ligera". No tiene que tomarse tan en serio todo el tiempo. Y recuérdese a menudo que todos cometen errores, incluido usted. No eres un fracaso si cometes un error. Así es como aprendemos. La aceptación de esto es clave. Además, es perfectamente aceptable tener emociones e impulsos humanos. Y a veces "lo suficientemente bueno" es lo suficientemente bueno. La perfección es una ilusión. Así que perdónese por

sus imperfecciones. El perdón es un regalo para ti mismo aún más que para el que está perdonando.

6. A menudo siente que el peso del mundo está sobre sus hombros. Afortunadamente, no lo es. Usted es solo una persona y lo está haciendo muy bien.

7. Confíe en su guía interior y, sobre todo, confíe en la vida… Su tendencia a ver tan claramente donde las cosas necesitan ser mejoradas, puede hacerlo ciego a las muchas cosas que son correctas para el mundo. Si mira más de cerca, reconocerá que las cosas a menudo están funcionando.

8. Trate de no sentirse demasiado decepcionado o impaciente si las personas que lo rodean no cambian de inmediato de acuerdo con lo que podría haberles enseñado. No significa que no seas un maestro talentoso, sino que todos se desarrollan a su propio ritmo. ¡La paciencia es una virtud!

Sobre todo, no deje de ser quién es. ¡Hay una razón por la que naciste de esta manera, así que descubre por qué y aprovecha al máximo!

Capítulo Tres - El Ayudante (Tipo 2)

También conocido como el Dador

Quince signos de que eres un ayudante

1. Le encanta estar involucrado en la vida de otras personas.

2. Siempre siente la necesidad de poner a los demás antes que a usted mismo.

3. Tiende a dar mucho tiempo y dinero a la caridad.

4. Es capaz de ver lo bueno en sus semejantes.

5. Necesita que lo necesiten.

6. Puedes agotarte totalmente, corriendo por ahí haciendo cosas para otras personas.

7. Puede sentirse ofendido si alguien rechaza su oferta de ayuda.

8. Requiere aprecio por las cosas que hace por los demás.

9. Sus amigos lo describen como alguien que siempre está dispuesto a hacer un esfuerzo extra.

10. A veces te olvidas de cuidarte y esto puede llevar a un agotamiento físico o emocional.

11. Usted no considera que la vida vale la pena vivir a menos que esté dando a otros de alguna manera.

12. Tiene un miedo profundo y arraigado a la inutilidad.

13. ¡Podría ser una maravillosa cocinera y ama de casa!

14. Usted podría tener una tendencia a usar la comida para "rellenar" sus sentimientos.

15. Las relaciones personales son de suma importancia para usted.

¿Le suena alguno de los puntos anteriores?

El Ayudante: Una visión general

El enfoque del Tipo Dos del Eneagrama se centra mucho en las relaciones. Es lo que hace que estas personas se muevan - hacer conexiones y luego sentir empatía con los sentimientos y necesidades de los demás. Sin embargo, pueden ir demasiado lejos en esta tendencia y pueden retorcerse en todo tipo de formas solo para ganar la aprobación de sus compañeros. La codependencia es una trampa a la que a veces puede caer presa el tipo dos, enorgulleciéndose de lo que pueden hacer por otras personas y sintiendo vergüenza en esos momentos en los que no pueden ayudar o apoyar a los demás.

En cierto modo, nuestra cultura nutre y premia el comportamiento típico de un Tipo Dos, en el sentido de que nos anima a creer que nuestra autoestima proviene de lo que hacemos por otras personas. Especialmente a las mujeres se les enseña este tipo de comportamiento. Aunque ser amable con los demás es, por supuesto, loable, el Ayudante debe protegerse contra la tendencia a asfixiarse o abrumarse. Y nunca es bueno que alguien niegue sus propios intereses y necesidades personales. ¡El agotamiento o el martirio pueden ocurrir! Así que, si eres un Dos, harías bien en equilibrar tu impulso de ayudar a otros con tu propio cuidado.

Como Ayudante, el amor es su meta más alta. Te enorgulleces de ser desinteresado. Usted es a menudo extrovertido y también puede tener el don de crear un hogar cómodo y acogedor para su familia. Usted es un gran empático y a menudo una persona genuinamente bondadosa con un corazón muy cálido. Eres amable y generoso. Solo asegúrate de que tus motivos para ayudar a los demás sean puros.

Ejemplos de dos famosos incluyen a luminarias como el Obispo Desmond Tutu, Byron Katie, John Denver, Dolly Parton, Eleanor Roosevelt, Luciano Pavarotti, Stevie Wonder, Elizabeth Taylor, Martin Sheen, Bobby McFerrin, Lionel Richie, Nancy Reagan, Josh Groban, Paula Abdul y Barry Manilow.

Al tipo dos se le ha dado el nombre de "El Ayudante" por una razón: estas personas son las que más ayudan a los demás *o las que* más necesitan verse a sí mismas.

Niveles del Ayudante

Como con cualquier otro tipo, los Ayudantes difieren en madurez y salud psicológica. Exploraremos el estado de El Ayudante en etapas saludables, neutrales y poco saludables.

Saludable

Amando Incondicionalmente

El Ayudante en su mejor momento es capaz de dar un amor verdaderamente incondicional. Él o ella es humilde y desinteresado, sintiendo que es un privilegio dar y estar involucrado de manera significativa en la vida de los demás.

Empático

La empatía es el segundo nombre del ayudante. Este tipo puede extenderse con compasión y preocupación por sus semejantes. Además, han aprendido el arte y el valor del perdón.

Alentador

El Ayudante en este nivel puede apreciar fácilmente la bondad de otras personas. Han aprendido a equilibrar el servicio con el autocuidado y a dar por todas las razones correctas.

Neutral

La Gente Complaciente

Un aire de desesperación puede a veces arrastrarse en el deseo del Tipo Dos de ayudar a otros. Una especie de aferramiento más que de cercanía. Pueden estar tentados a dar cumplidos que no son completamente genuinos, sino que están destinados a ganar el favor de la persona a la que están halagando.

El Codependiente

Esta etapa implica posesividad e intrusión. La necesidad de ser necesitado puede llegar a ser tan fuerte que el Tipo Dos puede ser profundamente controlador y a la vez decirse a sí mismo que en realidad están siendo amorosos. Quieren que los demás dependan de ellos y, a menudo, se agoten con un comportamiento innecesariamente sacrificado.

Autoimportancia

Es probable que en este nivel se produzca un mayor sentido de la importancia de sí mismo. ¡El martirio realmente puede hacer efecto con el Ayudante creyendo que están siendo mucho más útiles de lo que realmente son! El Tipo Dos a este nivel puede sentir que él o ella es indispensable cuando realmente no lo son, y esto puede hacer que sean condescendientes y dominantes.

Insalubre

Manipulación

¡Oh, Dios mío! Las cosas empiezan a ponerse feas cuando el Tipo Dos exhibe patrones de comportamiento poco saludables. En este nivel, En este nivel, un Dos puede acumularse en la culpa, destacando cuánto creen que la gente les debe por todo lo que han hecho. Este nivel muestra la actitud general de "¡¿Cómo *pudiste* después de todo lo que he hecho por ti?! "Si la gente no muestra el nivel de aprecio requerido, podrían socavarlas de una manera agresiva. En este nivel, los Dos carecerán de la conciencia de sí mismos para ver cuán irrazonable y dañino es su comportamiento. También pueden comenzar a usar alimentos y medicamentos como una forma de automedicación.

Dominador

En este desagradable nivel, los Dos sienten que todos los que han "ayudado" - ¡ya sea que esa persona haya pedido o no esa ayuda en primer lugar o que realmente la haya querido! - les debe una enorme deuda de gratitud y por lo tanto debe "pagar" de la manera que los Dos consideren apropiada. Hay un sentido negativo de derecho cuando este tipo afirma la influencia que sienten que se han ganado.

Resentimiento crónico

Tal resentimiento surge cuando un Dos no saludable entra completamente en modo víctima y se siente abusado injustamente por aquellos a quienes han "ayudado". Por ello, se sienten justificados para mostrar todo tipo de comportamiento irracional y agresivo. Todas estas emociones altamente negativas pueden resultar en serios problemas de salud, tanto físicos como mentales. ¡No es un lugar feliz para estar! Tanto para el Ayudante como para los que les rodean.

Las alas del ayudante

Como se discutió anteriormente, las alas de un tipo se derivan de los dos tipos de números que están físicamente a su lado en la circunferencia de la figura del Eneagrama. Para el Ayudante, el Reformador (Tipo 1) y el Triunfador (Tipo 3) son posibles alas o influenciadores de la personalidad.

Tipo Dos con una sola ala (2W1)

Ya hemos visto que los Tipo Uno son perfeccionistas de corazón. En el lado positivo, son responsables, concienzudos, orientados al progreso y potencialmente heroicos. Su lado de sombra puede ser hipercrítico, ya que está dirigido tanto a sí mismos como a los demás. A veces, también pueden ser resentidos y sentenciosos. Entonces, ¿cómo puede ser un Tipo Dos con una sola ala?

Todo va bien, esta combinación de tipos lleva a una persona que es cariñosa, cálida y generosa, como cabría esperar, pero la influencia de Uno añade resolución y obligación moral. El deseo de hacer el bien se ve reforzado por la motivación del número uno para hacer todo "bien".

El enfoque de la generosidad de Uno se convierte en un impulso para la justicia social bajo la influencia del reformador. El deseo de mejorar el mundo es genuino. El Ayudante con esta ala también está más dispuesto a asumir las tareas poco glamorosas que otras personas suelen evitar, por el bien común. La influencia del Uno en los Dos puede imbuirlos con una columna vertebral más fuerte y una mejor conciencia de dónde los sentimientos pueden amenazar con sobrepasar su buen juicio.

Pero, como siempre, hay un lado negativo. El perfeccionismo destructivo podría levantar su fea cabeza, haciendo que el ayudante piense que ellos, y solo ellos, saben lo que es mejor. Esto los hace imponentes, sermoneadores e intrusivos. También pueden juzgarse a sí mismos muy severamente. Un potencial lado negativo de esta combinación de tipos también puede ser que la Dos tiene aún más problemas para reconocer sus propias necesidades y sentimientos y cree firmemente que su propio deseo personal es egoísta y debe ser aplastado.

Tipo Dos con Tres Alas (1W3)

Examinaremos el Tipo Tres en detalle más adelante. Por el momento, he aquí un breve resumen:

El Tipo Tres es conocido como el Triunfador o el Ejecutor. Como su nombre indica, estas personas tienden a ser ambiciosas, entusiastas y adaptables. Están motivados y nada más que para lograr sus objetivos y recibir la validación de los demás.

Un ala de tres hace a la de dos más social y de buen humor que un ala de uno. Todo se trata del corazón y los sentimientos cuando se trata de este emparejamiento. Las relaciones son buscadas y valoradas. Esta combinación de tipos a menudo posee mucho carisma y otros disfrutan mucho de su compañía. Son anfitriones o azafatas naturales y amables y les encanta organizar fiestas y reunir a sus amigos para celebrar. Tienen una gran generosidad de espíritu y amor para dar de sí mismos para el bien de los demás.

En tiempos de estrés, sin embargo, el 2W3, que percibe los sentimientos de los demás con tanta fuerza, puede verse abrumado por las necesidades de los demás e incluso por sus propias emociones reprimidas. Debido a que los tipos Dos y Tres pertenecen a la tríada centrada en el corazón, carecen de la autoconciencia que la influencia de un tipo de cabeza o cuerpo (como el Uno) les prestaría. Este matrimonio particular de tipos puede llevar a una sensibilidad excesiva si son objeto de críticas. Su sentido del orgullo puede llegar a ser demasiado inflado, lo que puede llevar a un comportamiento autoritario y a arrebatos de ira.

Consejos para el Ayudante

1. Cuídese a sí mismo. Está tan ocupado empatizando con otras personas y apoyándolas en sus necesidades, que se le olvida de sus propias necesidades en el proceso. Sus propias necesidades son tan importantes como las de los demás. Es importante establecer y mantener sus propios límites personales y asegurarse de que descansa adecuadamente, hace ejercicio y se alimenta adecuadamente. No cambie para ganar la aprobación de otro. Al ser usted mismo y establecer límites, puede dar a los demás de manera más auténtica, y solo puede ser de verdadero servicio a los demás si está equilibrado, saludable y centrado en sí mismo.

2. Antes de ayudar a alguien, considere si realmente necesita o quiere su ayuda en primer lugar. ¿Han pedido su ayuda? Asegúrese de no solo imponer sus ideas sobre cómo deberían ser las cosas e interferir innecesariamente. Además, no depende de ustedes

exigir gratitud o decidir la manera en que se expresa dicha gratitud. En su lugar, trate de preguntarle a la gente directamente qué es lo que realmente necesitan. Solo porque usted pueda sentir la necesidad de otro, no significa necesariamente que a ellos les gustaría que usted interviniera y `resuelva' todos sus problemas por ellos. Usted debe estar dispuesto a aceptar un "no, gracias" si eso es lo que viene. Esto no debe considerarse como un rechazo.

3. En el caso de que hagas algo bueno por alguien, no hay necesidad de recordárselo. Es una tentación a la que tiene que resistir. Solo hará que la otra parte cuestione su motivación para ayudarlos en primer lugar y los hará sentir incómodos. También pueden retirarse de usted, si decide comportarse de esta manera. ¡Que la bondad sea su propia recompensa!

4. Comprender que las personas expresan su afecto y aprecio de muchas maneras diferentes. El hecho de que sea de una manera que no sea inmediatamente reconocible para usted y no necesariamente una forma en la que usted mismo habría elegido, no significa que no les importe. Aprende a reconocer las diferentes manifestaciones del amor.

5. Asegúrese de ser honesto acerca de sus propios motivos y de no mentirse a sí mismo acerca de por qué está ayudando a alguien. Si solo lo está haciendo para recibir gratitud, este no es un motivo saludable y

bien podrías estar preparándote para la decepción. Usted debe protegerse contra la codependencia en todo momento.

Capítulo Cuatro - El Triunfador (Tipo 3)

También conocido como el Ejecutor

Quince señales de que eres un triunfador

1. Le gusta hacer las cosas y está más que dispuesto a trabajar duro para lograr sus objetivos.

2. Puede ser difícil reducir la velocidad y puede ser difícil encontrar tiempo para relajarse.

3. ¡La paciencia no es una de sus virtudes!

4. Los que lo rodean lo describen como una personalidad "Tipo A".

5. Tiende a almacenar la tensión en el pecho y en el área del corazón.

6. No tiene problemas para dejar de lado sus pasatiempos para perseguir el éxito en su objetivo principal.

7. Le encantan los retos y disfrutas lanzando todo lo que tiene para enfrentarse a ellos.

8. Si al principio no tiene éxito, lo intentará, lo intentará, lo intentará nuevamente.

9. Su mayor temor es el fracaso y esto puede causarle mucho estrés y ansiedad.

10. Se concentra en la apariencia. Puede preocuparse demasiado por su imagen y por cómo lo perciben los demás.

11. Una pregunta que se te hace a menudo es: "¿Cómo logras tanto?"

12. Disfruta mucho de una sensación de finalización y realización. ¡No hay nada como marcar las casillas de su lista de cosas por hacer!

13. Es altamente competitivo y esto es algo que lo impulsa.

14. De alguna manera, usted está "hecho a sí mismo", habiendo llegado a donde está en la vida mediante el trabajo duro y la búsqueda decidida de sus metas.

15. Tiene mucha energía y otros podrían describirlo como que tiene un entusiasmo por la vida que a menudo encuentran atractivo.

¿Qué opina? ¿Han resonado en usted muchos de los puntos anteriores?

El Triunfador: Una visión general

Como su nombre indica, el Tipo Tres en el Eneagrama es todo sobre el éxito. Es de vital importancia para este tipo que se reconozca su éxito. El Triunfador requiere esta validación para sentirse digno. Son altamente enfocados, trabajadores y competitivos. Estos objetivos se encuentran a menudo en el mundo de los negocios, pero no se limitan a esta esfera de ninguna manera. Los Tres son comúnmente un éxito "autodidacta", a menudo experto en el arte del trabajo en red. Generalmente extrovertido, el Triunfador puede ser a veces carismático. Hay una energía ilimitada y mucho empuje. Su lado oscuro es su miedo secreto al fracaso.

El Triunfador, o el Ejecutor, es frecuentemente consciente de la imagen y como tal, puede ser lento para dejar que su verdadero yo sea mostrado. Esto puede dificultar la intimidad. Los Tres temen que otros se acerquen demasiado para no descubrir cómo son *realmente.*

Debido al fuerte requerimiento de validación externa del Tipo Tres, a veces cometen el error de perseguir el éxito externo mientras ignoran sus necesidades y deseos más profundos. El Triunfador necesita protegerse de caer en tal trampa.

Tres notables de los mundos de la historia, la política, los deportes y las artes incluyen a Bill Clinton, Arnold Schwarzenegger, Oprah Winfrey, Madonna, Lady Gaga, Will Smith, Augustus Caesar, Tony Blair, Andy Warhol, Elvis Presley, Barbra Streisand, Richard Gere, Reese Witherspoon, Anne Hathaway, Justin Bieber, Jon Bon Jovi, Paul McCartney, Lance Armstrong, O.J, Simpson, Truman Capote, Muhammad Ali, Emperador Constantino, Príncipe Guillermo, Carl Lewis, Tony Robbins, Deepack Chopra, Michael Jordan, Sting, Brooke Shields, Tiger Woods, Taylor Swift, Tom Cruise, Demi Moore, Courtney Cox y Kevin Spacey.

Los Niveles de Triunfador

Saludable

Autenticidad

Tan genuinos y atractivos, los Tres en su mejor momento están literalmente goteando dulzura y benevolencia. Han aprendido a aceptarse plenamente a sí mismos y a escuchar sus propios sistemas internos de orientación. Estos Tres son todo lo que parecen ser, ya que han llegado a comprender que no tienen nada que ocultar. Son modestos cuando se trata de sus fortalezas y logros innatos y suelen ser personas de gran corazón con un humor deliciosamente auto despreciable.

Competencia

La alta autoestima de un Tres sano les ayuda a creer en sí mismos y en sus propias capacidades. Este tipo es seguro de sí mismo con mucha energía para hacer el trabajo y hacerlo bien. Existe una confianza intrínseca en sí mismos y una profunda conciencia de su propio valor como seres humanos. Son lo suficientemente competentes y seguros como para adaptarse a todo tipo de situaciones, y siguen siendo graciosos y encantadores en el proceso. Mucha gente se sentirá naturalmente atraída por un Tres sano.

Ambicioso

Estos Tres son ambiciosos en el mejor sentido de la palabra. Nunca despiadados, solo deseosos de ser la mejor versión de sí mismos y de realizar su potencial. La superación personal es una fuerza motriz para estas personas. El saludable Triunfador tiene en él o ella la capacidad de convertirse en un ser humano sobresaliente, que posee una tremenda cantidad de cualidades admirables. Otras personas tienden a admirarlos mucho y tratan de emularlos. Esto hace que los Tres sanos sean un maestro motivador.

Neutral

Impulsivo

El Tipo Tres promedio da mucha importancia a hacer bien su trabajo. Desafortunadamente, a este nivel, su motivación para ello puede ser ligeramente menos saludable y basarse con mayor frecuencia en un abyecto terror de fracaso. Se preocupan mucho por lo que otras personas piensan de ellos y basan su autoestima en el logro de metas. Se dice que la comparación es el ladrón de la alegría. Ciertamente lo es para este tipo. Este menos que saludable Tres se comparará a sí mismo con otros en una búsqueda de su propio estatus y autoestima. Este es el nivel del escalador social o el que cree que una carrera lo es todo.

Conciencia de la imagen

El Triunfador puede preocuparse demasiado por cómo es percibido por los demás. Esto puede hacer que sean "falsos" de alguna manera al tratar de ajustarse a las expectativas reales o imaginarias de los demás. Ciertamente pueden sobresalir en practicidad y eficiencia, pero se arriesgan a perder el contacto con sus sentimientos en su deseo de impresionar. Esto puede llevar a problemas con la intimidad.

Autopromoción

El intenso deseo de impresionar a otros puede hacer que los Tres, en este nivel de madurez, se promuevan a sí mismos incesante y agresivamente. Podrían elevar sus logros a esta causa. Puede parecer un poco como la tendencia infantil de decir "mírame". Pueden surgir nociones infladas de sí mismos y pueden parecer arrogantes y llenas de desprecio, pero esto es solo un intento de disfrazar sus celos.

Insalubre

Miedo al fracaso

El Triunfador en este nivel está dispuesto a hacer o decir lo que considere necesario para preservar su imagen. El miedo al fracaso y a la humillación es intenso en este momento y puede llevarlos a comportamientos explotadores y oportunistas. Estarán extremadamente celosos del éxito de otra persona y se esforzarán por preservar su frágil ilusión de superioridad a toda costa.

Engaño

Estas personas pueden llegar a estar tan aterrorizadas al pensar que sus errores y fechorías serán expuestos que recurrirán a todo tipo de conductas taimadas para encubrir tales fallas. Esto significa, por supuesto, que no se puede confiar en el Triunfador en este nivel insalubre. Podrían traicionar o sabotear a alguien solo para conseguir uno y sus estados celosos pueden rozar la ilusión.

Narcisismo

Este es el Tres en su peor momento absoluto, cuando sus acciones se corresponden con la descripción del Trastorno Narcisista de la Personalidad. No se detendrán ante nada para arruinar la felicidad de otra persona y su destructividad puede volverse obsesiva. La venganza de los Tres profundamente insalubres puede rozar lo psicópata.

<u>Las alas de los triunfadores</u>

Tipo Tres con Dos Ala (3W2)

Cuando se imagina al vendedor "típico", es muy posible que esté imaginando el Tipo Tres con un ala Dos. El deseo del Triunfador de ser admirado supera el deseo del Type Two de complacer a los demás y hacerlos sentir bien. Aunque, si es posible, pueden hacer ambas cosas. Esta variedad del número tres suele ser extrovertida y puede resultar atractiva e incluso seductora. Su personalidad es alegre y tranquila y estarán deseosos de mostrar su mejor lado y quieren que se les perciba como si estuvieran juntos emocionalmente.

La influencia del ala Dos en la personalidad de los Tres, puede hacer que su "brillo" sea más genuino. En el mejor de los casos, esta variedad de los Tres es grande en auto observación y es probable que sea un tipo humilde. También serán amigables y simpáticos con grandes habilidades sociales que hacen que otros disfruten de estar cerca de ellos. El ala Dos atempera el hambre de los Tres de ser siempre el ganador. Los sentimientos genuinos aparecen y los poderosos lazos de amistad pueden y se formarán.

Un Tipo Tres sano con un ala Dos puede convertirse en un excelente altavoz motivacional, capaz de inspirar gran confianza y optimismo en los demás. Edificante y positivo: piense en Tony Robbins u Oprah Winfrey en su mejor momento.

Sin embargo, cuando no es saludable, una frágil vanidad puede entrar en juego para el Triunfador con un ala Dos. Pueden perder contacto con sus sentimientos más íntimos genuinos mientras construyen una falsa fachada emocional. La autopromoción puede llegar a ser agresiva y agresiva, resultando en una situación de pérdida para todos los involucrados. Pueden parecer agradables y tranquilos por fuera, pero la realidad interna puede ser bastante desagradable y destructiva.

Como la apariencia exterior es importante, el 3W2 normalmente se vestirá bien y de acuerdo con la última moda dominante. Esto se debe a que querrán atraer a la mayor audiencia posible. Pueden sentirse atraídos por el trabajo "glamoroso", tal vez en el escenario, la televisión, la radio o en una posición de alto perfil en el mundo de los negocios.

Tipo Tres con Cuatro Alas (3W4)

Aunque a los Triunfadores con cuatro alas les gustarían ser admirados, preferirían que esto fuera por su singularidad en lugar de atraer a las masas en general - un grupo selecto de seguidores en lugar de atraer a las masas es lo que buscan.

Las Cuatro alas tenderán a hacer que los de Tipo Tres sean más introvertidos y menos cómodos en situaciones sociales, aunque debido a la todavía dominante personalidad del Tipo Tres, podrán ocultar esto con su competencia social. Aún podrán mantener todo junto en momentos de presión.

Un Triunfador sano y maduro con cuatro alas es compasivo, gentil y competente. Esta variante es sabia y socialmente responsable y altamente efectiva en el logro de sus objetivos, al mismo tiempo que permanece intuitiva. Un trabajo adecuado para este tipo sería como orientador profesional o mentor de negocios.

En su mejor momento, el Tipo Tres con cuatro alas es tranquilamente seguro de sí mismo, mientras que posee una visión emocional impresionante. Ellos enseñan a través del ejemplo, influenciando a otros a través de la acción compasiva. Pueden encontrarse en la cima de las organizaciones o entre bastidores, inspirando a otros a dar lo mejor de sí mismos.

Es una historia completamente diferente cuando el Triunfador con un ala de cuatro es inmaduro y malsano. Una falta de equilibrio aquí hará que el impulso de los Tres Influenciados por el éxito sea compulsivo, mientras que al mismo tiempo causará que la introspección de los Cuatro se salga de control. La manipulación sale a la luz y el deseo de ayudar ya no viene de un buen lugar. No son tan grandes socialmente y también pueden caer en el autoengaño. Es posible que sientan la necesidad compulsiva de contarle a otras personas sus logros. En el peor de los casos, pueden ser destructivos para uno mismo y para los demás.

Les gusta parecer atractivos y únicos, que desean marcar tendencias en lugar de seguir siendo la última moda. La variante 3W4 generalmente se basa en profesiones bastante llamativas, como la música, la política, la radiodifusión, el escenario, la industria de la moda y el lado comercial de las empresas.

Consejos para el Triunfador

1. ¡Tómese un descanso de vez en cuando de la incesante búsqueda de sus objetivos! Su salud se beneficiará y también lo harán sus niveles de felicidad. Y no olvidemos a sus seres queridos, que estarán encantados de tener más tiempo con usted. Sus metas le seguirán esperando cuando se despierte de una buena noche de sueño o cuando regrese de unas vacaciones. Y se sentirá más fresco y eficaz que nunca. Sin mencionar que es mejor estar cerca. La ambición y la determinación pueden ser cualidades excelentes, pero deben ser atenuadas por períodos de descanso que, además, le permitan tener tiempo para reconectarse profundamente con sus necesidades y sentimientos internos.

2. Trata de ser completamente honesto contigo mismo. A veces, los de Tipo Tres pueden quedar tan atrapados en el intento de jugar en la galería de cacahuetes que pierden el contacto con lo que realmente necesitan para ser felices. Tómese su

tiempo para considerar lo que el éxito realmente significa para usted. ¿Cuáles son sus valores? ¿Qué lo hace feliz? Solo cuando te conectas verdaderamente con la realidad de lo que eres, puedes lograr una libertad real.

3. Como la intimidad a veces puede ser un desafío para usted, vale la pena tomarse el tiempo y los problemas para conectarse con algunas personas elegidas en un nivel más profundo. Esto requiere autoconciencia y la voluntad de relajarse y practicar el aprecio por aquellos que amas

4. Te beneficiará enormemente involucrarte en proyectos que no están relacionados con tu ambición final u objetivos profesionales. Te llevará fuera de ti mismo de una manera saludable y trascenderá tu preocupación por las opiniones de los demás.

Capítulo Cinco - El Individualista (Tipo 4)

También conocido como El Romántico

Un mensaje corto del Autor:

¡Hey! Siento interrumpir. Solo quería saber si le gusta el audiolibro del Eneagrama. ¡Me encantaría escuchar sus comentarios!

Muchos lectores y oyentes no saben lo difíciles que son las críticas y lo mucho que ayudan a un autor.

Así que estaría increíblemente agradecido si pudieras tomarte solo 60 segundos para dejar una comentario rápido de Audible, ¡incluso si es solo una o dos frases!

Y no te preocupes, no interrumpirá este audiolibro.

Para ello, solo tienes que hacer clic en los 3 puntos de la esquina superior derecha de la pantalla dentro de la aplicación Audible y pulsar el botón "Calificar y Revisar".

Esto le llevará a la página de "Calificar y Revisar" donde podrá introducir su clasificación por estrellas y luego escribir una o dos frases sobre el audiolibro.

¡Es así de simple!

Espero con interés leer su reseña. ¡Déjeme un pequeño mensaje ya que yo personalmente leo cada crítica!

Ahora te guiaré a través del proceso mientras lo haces.

Solo tiene que desbloquear el teléfono, hacer clic en los 3 puntos de la esquina superior derecha de la pantalla y pulsar el botón "Calificar y Revisar".

¡Introduzca su clasificación por estrellas y listo! Eso es todo lo que necesita hacer.

Le daré otros 10 segundos para que termine de escribir sus comentarios.

----- Esperar 10 segundos -----

Muchas gracias por tomarse el tiempo para dejar un breve comentario de Audible.

Estoy muy agradecido ya que su revisión realmente marca una diferencia para mí.

Ahora volvamos a la programación estipulada.

Quince signos de que eres un individualista

1. Necesita mucho tiempo a solas para recargarte.

2. Puede ser un artista, no solo un artista visual, sino también un bailarín, un escritor o un músico.

3. Tiene una tendencia a sentir melancolía y puede deprimirse cuando los tiempos se ponen difíciles.

4. A veces se siente atormentado por el pensamiento de que algo falta en su vida y esto contribuye a un profundo sentido de anhelo.

5. La autenticidad es importante para usted, tanto en su trabajo como en sus relaciones.

6. Usted se ve a sí mismo como fundamentalmente diferente a otras personas.

7. Es probable que usted sea brutalmente honesto y no tienda a ocultar sus verdaderos sentimientos o motivaciones de sí mismo o de los demás.

8. Está dispuesto a revelar cosas sobre sí mismo que la mayoría nunca revelaría por miedo a ser avergonzado.

9. Usted tiene un profundo anhelo de conectarse con otras personas y tiende a sentirse incomprendido.

10. Ha tenido a más de una persona en tu vida diciéndole que es "complicado" o "raro".

11. Sufre de baja autoestima y a veces se siente muy solo en el mundo.

12. Es una persona muy sensible, y le cuesta mucho dejar atrás las heridas del pasado.

13. Prefiere tener una amistad cercana que cien superficiales.

14. Otros a veces lo acusan de ser temperamental.

15. Artista o no, le encanta rodearte de arte y cosas bonitas.

¿Tienes muchas alarmas en la cabeza en este momento?

El panorama individualista

Al Tipo Cuatro del Eneagrama le gusta pensar en sí mismo como diferente o único, de hecho, basando su propia identidad en esa singularidad. Sentirse diferente es un arma de doble filo para este tipo. Por un lado, puede hacer que se sientan especiales y superiores y, por otro, aislados y solos.

El Individualista a menudo se sentirá atraído por las artes. Podrían hacer una carrera en esta área, convirtiéndose en bailarines, escritores, artistas visuales, músicos o escultores, por ejemplo. O tal vez trabajen en estrecha colaboración con artistas, tal vez administrando museos o galerías o llevando las artes a la educación. O tal vez expresen este aspecto de sí mismos en la forma en que se visten o se presentan, o simplemente en los estilos de vida idiosincrásicos que llevan.

La sensibilidad de este tipo es aumentada y son almas emocionalmente complejas. La autenticidad es importante para el Triunfador y él o ella anhela ser apreciado por su propio ser auténtico. Este tipo no tiene capacidad ni interés en relaciones superficiales. A menudo se sienten poco apreciados o malinterpretados por los demás y, en estas circunstancias, tienden a retirarse del mundo.

La vida interior de los de Tipo Cuatro es rica y pasarán mucho tiempo inmersos en su propio mundo interior. Esta actividad es importante para ellos y les ayudará a procesar sus sentimientos internos. A veces, pueden expresar su vida interior de manera artística.

Pero es importante que no se retiren completamente de la vida real.

Los de tipo cuatro pueden ser perseguidos por la noción de que algo fundamental falta en sus vidas y esto les deja con un sentido de anhelo, que puede transformarse en melancolía. En tiempos de gran estrés, esto puede convertirse en una depresión total. La auto absorción a un nivel poco saludable es una trampa en la que pueden caer.

Es importante que el Individualista/Romántico se esfuerce por ser su propio salvador en lugar de buscar a otros para que los rescaten. Deben aprender a valerse por sí mismos. ¡Sé tu propio rescate, número Cuatro!

Ejemplos de luminarias a lo largo de la historia que han sido de Tipo Cuatro incluyen: Rumi, Tchaikovsky, Anne Frank, Frida Kahlo, Rudolf Nureyov, Joni Mitchell, Leonard Cohen, Jackie Kennedy Onassis, Chopin, Gustav Mahler, Edgar Allen Poe, Virginia Wolfe, Anais Nin, Anne Rice, Martha Graham, Hank Williams, J.D. Salinger, Tennessee Williams, Billie Holiday, Cher, Alanis Morrisetter, Florence Welch, de Florence and The Machine, Stevie Nicks, Judy Garland, Cat Stevens, Annie Lennox, Amy WInehouse, Johnny Depp, Nicholas Cage, Angelina Jolie, Marlon

Brando, Jeremy Irons, Prince, Kate Winslet y Winona Ryder.

Los niveles individualistas

Saludable

Creatividad

En su mejor momento, el Individualista sano es un ser profundamente creativo. Esta corriente creativa fluye con fuerza y libertad, ya que expresa sus propios sentimientos personales y al mismo tiempo inspira a otros a conectarse con su propia creatividad e incluso a llevarla a nuevos niveles. Los de Tipo Cuatro sanos entienden que lo personal es universal. Ella puede transformar cualquier dolor que haya experimentado en oro, inspirando a otros en el proceso. Este flujo constante de creatividad permitirá al individualista autorrenovarse y autogenerarse.

Autoconciencia

La tendencia innata de los Cuatro a la autorreflexión lleva a una comprensión profunda de sí mismos que también pueden utilizar para el servicio de los demás, ayudándoles a comprender también sus sentimientos y motivaciones. Son intuitivos, en contacto con sus impulsos internos y sensibles al extremo, pero de manera positiva. Ayudan y tratan con otras personas de una manera compasiva, con tacto y gentil.

Individualismo

¡La pista está en el nombre! Aquí, el fuerte sentido de individualismo de los Cuatro se expresa de una manera saludable. Los Cuatro en esta etapa de su desarrollo se conocen a sí mismos extremadamente bien y siempre son fieles a sí mismos. El Tipo Cuatro en este nivel es emocionalmente honesto hasta la falta y no tiene problemas para revelar su verdadero yo, debido al conocimiento de que toda la gama de emociones es común a todos. Entienden que el coraje para mostrar y expresar vulnerabilidad es en realidad una fortaleza. Profundamente humanas, estas personas pueden ser sorprendentemente divertidas y poseen una visión muy irónica de la vida. Los que los rodean confían en su fuerza emocional.

Neutral

Romanticismo

Los de Tipo Cuatro en este nivel de madurez se esfuerzan por crear una vida estéticamente bella para sí mismo. Esto se debe a que un ambiente magnífico los eleva y eleva su estado de ánimo. Esto podría manifestarse en una hermosa casa con obras de arte originales adornando las paredes. Aunque los Cuatro no son completamente inmunes a la conciencia de la imagen, él o ella está más preocupado por elegir un arte visual que le hable a su alma. El individualista o el romántico en este nivel tiene una rica vida de fantasía y da un gran valor a la pasión y a la imaginación.

Auto absorción

En un nivel algo más bajo, la tendencia de los de Tipo Cuatro es desaparecer demasiado profundamente en sus propias cabezas. Ellos internalizarán todo, volviéndose malsanamente introvertidos y demasiado temperamentales. Aquí, el Individualista será tímido y tímido y se retirará en lugar de tratar con sus problemas y enfrentarse valientemente al mundo. Son hipersensibles y harán todo lo posible por proteger su imagen de sí mismos -esencialmente manteniéndose alejados de otras personas, a las que temen que puedan dañarla con demasiada facilidad.

Autocompasión

Esta tendencia a profundizar en su interior puede descender a los Cuatro viviendo en una especie de mundo de fantasía en el que desarrollan un sentimiento de desdén por sí mismos y por los demás. Pueden usar esto como una excusa para ser indulgentes con sus emociones y hábitos y, en consecuencia, llevar una vida decadente y demasiado sensual. Una inclinación saludable hacia el soñar despierto se sale de control y se vuelven cada vez más improductivos y poco prácticos. Los de Tipo Cuatro pueden tener envidia de otros en este nivel de madurez y esto los hace aún más melancólicos.

Insalubre

Alineación

Los de Tipo Cuatro experimentan alienación de sí mismos y de los demás. Tal vez se han sentido decepcionados por sueños que no se han hecho realidad o por personas que los han defraudado. Ellos estarán muy enojados consigo mismos y esta ira puede volverse hacia adentro y convertirse en depresión. Se sienten bloqueados, tanto emocional como creativamente, y esto puede convertirse en una sensación de parálisis. El sentimiento de vergüenza puede ser profundo y todas estas emociones negativas pueden dejar a los Cuatro tan agotados que apenas pueden funcionar.

Autodesprecio

Los de Tipo Cuatro, profundamente malsanos, se tratan a sí mismos con desprecio y creen absolutamente que así es como otras personas los ven también. Están atormentados por pensamientos desesperados sobre sus fallas que lamentablemente conducen a sentimientos de odio a sí mismos. La propensión para culpar a otras personas por todo este dolor hace que los Cuatro rechacen a cualquiera que intente ayudarlos.

Desesperación

Un sentido de desesperanza abunda y conduce a pensamientos y comportamientos autodestructivos como el abuso de alcohol y drogas. Escapar del dolor profundo es el objetivo aquí. En el peor de los casos, la difícil situación de los Cuatro insalubres es el colapso psicológico o incluso el suicidio.

<u>**Las alas individualistas**</u>

Tipo Cuatro con Tres Alas (4W3)

Piensa en la creatividad, la curiosidad y una inteligencia viva. Esta variante de la personalidad del Tipo Tres tiene una multitud de ideas y sabe cómo usarlas. La rica vida de fantasía de los de Tipo Cuatro está casada con el empuje y la capacidad de acción de los Tres, lo que da como resultado que los sueños se conviertan en realidad y que los negocios creativos prosperen.

La practicidad de los Tres equilibra la propensión de los Cuatro al drama y a la melancolía. La atención se centra sobre todo en la carrera profesional y en objetivos ambiciosos. El ala de los de Tipo Tres puede dar a los de Tipo Cuatro más confianza y extroversión. ¡Puede atraer a los Cuatro normalmente introvertidos a más entornos sociales y en realidad podrían disfrutar de actividades grupales! Los de Tipo Tres también prestan energía que saca a los de Tipo Cuatro de sus cabezas y los lleva al mundo.

La otra cara de la moneda, cuando los aspectos negativos de los Cuatro se combinan con los aspectos negativos de los Tres, es una historia diferente. Entonces esta variante luchará contra la vergüenza. Se obsesionarán con la imagen que proyectan y sus relaciones se llenarán de todo tipo de drama. Pueden buscar un sentido de autenticidad fuera de sí mismos, donde nunca está. Intentarán todo tipo de tácticas para buscar la aprobación, enfureciéndose y siendo competitivos en el proceso. Incluso pueden tener dificultades financieras, ya que gastan demasiado en un esfuerzo por impresionar.

Tipo cuatro con cinco alas (4W5)

La saludable tensión de esta fusión resulta en una maravillosa mezcla del corazón y la mente. La inclinación de los de Tipo Cuatro a profundizar en los sentimientos se ve atenuada por la imparcialidad de los de Tipo Cinco. Esto puede permitir que el Individualista vea su vida de una manera más objetiva - es más probable que los hechos se pongan en juego. Además, la profundidad del sentimiento de los Cuatro combinada con la energía cerebral de los Cinco crea a alguien que es a la vez sabio y empático.

La capacidad intelectual de los Cinco complementa maravillosamente la visión profunda del Individualista. Los de Tipo Cuatro y Cinco son un grupo profundo, sensible y perspicaz, a menudo de formas innovadoras. A menudo son callados e introvertidos por fuera, pero hay mucha actividad dentro de ellos, tanto intelectual como emocionalmente.

Cuando la mezcla no va tan bien, los de Tipo Cuatro con cinco alas pueden verse abrumados por pensamientos y emociones fuera de control. Su vida interior se vuelve tan intensa que es casi insoportable para ellos. Cuando se le tortura lo suficiente, el 4W5 se retirará del mundo, incluso de aquellos que están cerca de él, sintiéndose dolorosamente solo. Sus relaciones podrían sufrir y también sus carreras. Su mundo interior se convierte en su realidad y rechazarán todas las ofertas de ayuda, porque les resulta difícil confiar. Sienten que el peso del mundo está sobre sus hombros y pueden encontrar un desafío incluso para cuidar de sus propias necesidades básicas.

Consejos para el individualista

1. El orden y la disciplina no son sus enemigos naturales, especialmente cuando son autoimpuestos. Como un Tipo Cuatro, usted necesita una dosis saludable de disciplina para llevar sus ideas inspiradas al mundo, por ejemplo, como productos artísticos o negocios centrados en el corazón. Soñar despierto solo te llevará hasta cierto punto. ¡El mundo necesita soñadores que hagan realidad sus sueños!

2. Protéjase contra su tendencia a la autocomplacencia, por ejemplo, cuando se trata de comida, alcohol o drogas. Puede ayudarse esforzándose por mantener el equilibrio en su vida, fomentando hábitos saludables como el sueño regular, el ejercicio y una buena nutrición.

3. No sea esclavo de sus patrones de pensamiento negativos. Es muy fácil para los de Tipo Cuatro estresados ser víctimas de los demonios en sus propias cabezas. Encuentre maneras de distraerse cuando se encuentre en un camino negativo - un programa de comedia favorito, música edificante o un paseo por la belleza de la naturaleza son solo algunos

ejemplos. No te dejes llevar por este camino. Es el equivalente de una paliza.

4. No eres tus sentimientos. Los sentimientos son del momento. No son fijos y no definen tu carácter - no son lo que eres. No hay necesidad de dejar que te desvíen, ya que pueden ser muy engañosos.

5. No espere hasta que esté listo para intentar algo o hacer algo. Puede que nunca te sientas preparado - ¡un Tipo Cuatro rara vez lo estará! El truco es hacerlo asustado. Para arar a pesar de todo, incluso si todas las piezas no parecen estar en su sitio. Hay un poder real en hacer un comienzo y usted se sorprenderá de cómo las cosas se juntan a medida que avanza. ¡Solo hazlo!

Capítulo Seis - El Investigador (Tipo 5)

También conocido como el Observador o el Sabio

Quince signos de que eres un investigador

1. Usted tiene una necesidad insaciable de averiguar por qué las cosas son como son - científicamente y de otra manera.

2. Tiene un fuerte impulso de cuestionar el *statu quo*.

3. Siente que un día en el que no has aprendido nada nuevo es un día perdido.

4. Si un tema o actividad capta su interés, concentre su atención en él con atención, hasta que lo haya dominado por completo.

5. ¡Usted podría haber sido descrito por otros - ya sea a la cara o de otra manera! - cómo excéntrico.

6. Odia que lo presionen para que tome decisiones rápidas.

7. Usted está inclinado a mantener la tensión en su intestino.

8. A veces puedes sentir que estás "atascado" en tu cabeza y que se necesita un gran esfuerzo para volver a entrar en tu cuerpo.

9. No le gustan las charlas triviales. Lo encuentra incómodo y, francamente, una completa pérdida de tiempo.

10. Su privacidad es de suma importancia para usted y es muy común que experimente a otras personas como intrusivas.

11. Es posible que sienta la necesidad de adquirir conocimientos y experiencia en un intento por superar sentimientos profundamente arraigados de insuficiencia y duda de sí mismo.

12. Es muy probable que usted sea un experto en su campo y ese campo puede ser académico o altamente técnico.

13. Usted tiene una propensión a replegarse en la seguridad de su mente cuando la vida parece demasiado amenazante o exigente.

14. Lo más probable es que usted sea un hombre culto, por no mencionar que es considerado e inteligente.

15. Le toma un tiempo sentirse cómodo con otra persona, pero una vez que has alcanzado ese nivel de comodidad, eres un compañero devoto y es probable que esa amistad dure toda la vida.

¿Crees que podrías ser un Tipo Cinco?

La descripción general del inspector

El investigador pasa mucho tiempo en su propia cabeza. Esta es una similitud que tienen con los Cuatro, pero mientras que la zona de comodidad de los Cuatro está en el reino de la imaginación y las emociones, los Cinco existen cómodamente en el intelecto. El Inspector tiene la costumbre de retirarse al mundo del pensamiento cuando la vida es demasiado. Este es su lugar seguro, donde pueden prepararse para enfrentar el mundo exterior una vez más porque les gusta estar preparados y odian absolutamente que los pongan en el lugar. Temen, de hecho, que no tienen lo que se necesita para enfrentar plenamente la vida

El investigador, como su nombre indica, a veces tiene una orientación científica, pero también puede aspirar a la excelencia en el área de las humanidades.

El tipo Cinco puede parecer excéntrico. Esto podría tener algo que ver con su negativa a doblar sus creencias para conformarse a la opinión dominante. La libertad de pensamiento es de suma importancia para el Observador, pero pueden ser tímidos y luchar cuando se trata de tratar y expresar sus emociones. Por esta razón, las relaciones pueden ser difíciles para el tipo Cinco. Esto les hará sentirse solos a veces. Su naturaleza independiente también puede aumentar el desafío de las relaciones, tanto en el sentido romántico, como también cuando se trata de aceptar la ayuda de personas bien intencionadas.

El investigador puede ser un alma muy sensible. Esto hace que se sientan vulnerables, por lo que suelen adoptar mecanismos de supervivencia para protegerse. Esto puede hacer que parezcan intelectualmente arrogantes o descuidadamente indiferentes. ¡Esto tampoco ayuda en las relaciones! Pero si aprende a penetrar estas barreras, tiene un amigo para toda la vida.

Debido a su necesidad de privacidad y miedo a la intrusión, los Cincos suelen disfrazar sus fuertes sentimientos. Este disfraz puede ser extremadamente efectivo. Para algunos de Tipo, uno de sus mayores temores es sentirse abrumado, por lo que intentan mantener sus vidas lo más simple posible, haciendo pocas demandas a los demás con la esperanza de que tendrán pocas demandas a cambio.

Cincos históricos o famosos incluyen: Albert Einstein, Stephen Hawking, Vincent Van Gogh, Georgia O'Keefe, Emily Dickinson, Bill Gates, Eckhart Tolle, Alfred Hitchcock, The Buddha, Oliver Sacks, Edvard Munch, Friedrich Nietzsche, James Joyce, Jean-Paul Sartre, Stephen King, Salvador Dalí, Agatha Christie, Mark Zuckerberg, Kurt Kobain, Peter Gabriel, Marlene Dietrich, Jodie Foster, Gary Larson, David Lynch, Tim Burton, Stanely Kubrick, Annie Liebovitz y Susan Sontag.

Los niveles de los investigadores

Saludable

Visionario

Los de Tipo Cinco sanos son de mente abierta hasta la médula. Él o ella puede ver el cuadro completo al mismo tiempo que aprecia y comprende las minucias. Su visión del mundo es visionaria, viendo todo lo que se puede mejorar para las generaciones futuras y teniendo alguna idea de cómo hacer que estas mejoras sucedan. Son los pioneros del mundo; son los científicos que hacen descubrimientos innovadores y los intelectuales que cambian la forma en que percibimos las fuerzas que nos rodean.

Observador

Los Cinco sanos no se pierden nada. Su estado de alerta mental es extraordinariamente agudo y su capacidad para concentrarse y concentrarse es insuperable. Son perceptivos y perspicaces con una curiosidad ilimitada. Su intelecto siempre está buscando algo nuevo en lo que hundir sus dientes.

Experto

A menudo encontrarás a uno de Tipo cinco en el cenit de su archivo elegido, ya que tienen una capacidad aparentemente ilimitada para alcanzar el dominio de lo que sea que les interese. Encuentran el conocimiento muy emocionante y su pasión a menudo les hace innovar e inventar. Su trabajo es a menudo muy original y de gran valor para el mundo. El investigador a este nivel saludable es frecuentemente independiente y posee algunas idiosincrasias maravillosas.

Neutral

Conceptualización

Por lo general, los Cinco resolverán todo en sus mentes antes de actuar en base a una idea. Esto les permite afinar todo desde el principio. Les encanta estar preparados y tienen todos los recursos necesarios al alcance de la mano. Son estudiosos y trabajadores y a menudo se convierten en especialistas dentro de sus campos, sin tener miedo de desafiar la forma aceptada de hacer las cosas.

Separado

El investigador, o el observador, puede a veces involucrarse tanto en su mundo intelectual o en el complejo proyecto en el que están trabajando, que se alejan bastante de la realidad. Pierden el contacto con el mundo real, a menudo de una manera bastante desencarnada y se preocupan tanto por sus visiones que asuntos como las relaciones se quedan en el camino. En este punto, los Cinco muestran una especie de alta intensidad de encordado e incluso pueden desarrollar una fascinación con temas poco convencionales o perturbadores.

Antagonista

Cuidado con tratar de interferir con el mundo interior de los Cinco no tan maduros. ¡No te lo agradecerán! Defenderán su visión personal a toda costa, volviéndose agresivos y groseros con aquellos que se oponen a sus puntos de vista, a menudo radicales.

Insalubre

Tímido

La timidez de un Cinco insano puede ir a toda marcha. No solo se aíslan de otros humanos, sino también de la realidad. Su excentricidad ya no es agradable y su personalidad se vuelve cada vez más inestable. Evitan la compañía y tienden a vivir una existencia ermitaña.

Obsesivo

Esta es la obsesión en su forma más malsana. Sus ideas se vuelven amenazantes, incluso para ellos mismos. El investigador en este estado está delirando y sufre de fobias.

Trastornado

En el nivel más bajo posible, estamos en el área de los trastornos esquizotípicos de la personalidad. Es un estado peligrosamente autodestructivo y el resultado final puede ser la psicosis o el suicidio.

Las alas del investigador

Tipo Cinco con cuatro alas (5W4)

La influencia de las cuatro alas en la personalidad del Tipo Cinco puede hacer que se sientan más cómodos a la hora de expresar sus emociones. Todavía son curiosos, reservados y quizás un poco más creativos.

No es de extrañar que a los de Tipo Cinco con un cuatro alas les guste estar solos, ya que ambos tipos en su pureza disfrutan de un tiempo a solas.

Las fortalezas del 5W4 incluyen una capacidad de atención profunda y la capacidad de observar y comprender los detalles más pequeños. Piensan y se expresan de forma creativa y trabajan bien de forma independiente. Pero como todo el mundo, el Tipo Cinco con ala Cuatro no es perfecto. Él o ella puede ser hipersensible y también luchar, a veces, para pensar de una manera práctica y realista. Pueden ser demasiado egocéntricos y son propensos a distanciarse de otras personas.

Si usted necesita comunicarse con un Investigador con cinco alas, deberá ser lo más claro posible y darles el tiempo adecuado para que lo procesen antes de presionarlos para obtener una respuesta. Si está trabajando con ellos, se le aconsejaría que redujera al mínimo las reuniones, que fuera conciso en sus explicaciones y sensible al dar retroalimentación.

Esta variante del Observador se energiza adquiriendo conocimientos, nuevas habilidades y siendo apreciado. Se sentirán agotados si tienen que pasar demasiado tiempo con otras personas o se ven obligados a vivir situaciones que los abruman. ¡Y ciertamente no aprecian las duras críticas!

Tipo Cinco con seis alas (5W6)

Cuando las seis alas es dominante en el Tipo Cinco, el Investigador se vuelve más cooperativo. Tal persona también estará más inclinada a utilizar sus impresionantes conocimientos para resolver problemas que para intelectualizarlos. Esta modificación de los Cinco se inclina a ser lógica, independiente y práctica. Desean ser útiles y poner en práctica sus conocimientos. Quieren hacer del mundo un lugar mejor y sentirse más dignos en el proceso.

Sus rasgos más positivos incluyen cualidades como la concentración y la buena organización, por no mencionar la pasión por aprender y mejorar. A menudo tienen una gran capacidad para resolver problemas complejos y son del tipo que uno quiere tener alrededor en una crisis, ya que son expertos en mantener la calma.

Sin embargo, el Tipo Cinco con seis alas tiene varios puntos ciegos. Pueden tener dificultades para relacionarse con otros y pueden ser demasiado defensivos en su deseo de proteger su privacidad. Pueden parecer fríos y distantes y necesitan ser inspirados para tomar cualquier acción.

A este investigador alternativo le encanta resolver problemas, especialmente cuando los hace sentir como si estuvieran haciendo una valiosa contribución a la sociedad. Su búsqueda de conocimiento es entusiasta, especialmente cuando se trata de áreas en las que están personalmente interesados. Se agotan al pasar demasiado tiempo con otros y se energizan al pasar tiempo a solas. Siempre esté consciente de su propensión a dudar de sí mismo en sus relaciones con ellos.

Consejos para el investigador

1. Quédate en tu cuerpo. Su intelecto es una herramienta maravillosa, pero también es necesario estar conectado con otras personas y con el mundo real. Una excelente manera de hacerlo es mantenerse

en contacto con su cuerpo y sus sensaciones físicas a través del ejercicio.

2. La confianza es un problema para los Cinco y debido a esto, pueden encontrar muy difícil abrirse a otras personas. Cuando experimentan conflicto en una relación, su tendencia natural es retirarse y aislarse. Esto, por supuesto, no es un comportamiento particularmente saludable. El investigador haría bien en recordar que los conflictos son una parte normal de toda relación y que el curso de acción apropiado es resolver las cosas.

3. Es difícil para el Tipo Cinco del Eneagrama relajarse. Esto se debe a su intensidad innata. Por lo tanto, es importante que los Cinco busquen formas de reducir la tensión que sean adecuadas y apropiadas. Se recomienda meditación, yoga y correr.

4. ¡Los Cinco pueden perder su sentido de la perspectiva y fácilmente sentirse abrumado ya que hay muchos factores a considerar! Para ayudarle a hacer una evaluación precisa en estas circunstancias, busque el consejo de alguien en quien confíe (¡después de trabajar primero en sus problemas de confianza!).

5. Sea selectivo en los proyectos en los que decida participar. Asegúrate de que son afirmativos y que te

llevan en la dirección en la que quieres ir. Asegúrese de no distraerse de manera indigna y de no perder su precioso tiempo.

Capítulo Siete - El Leal (Tipo 6)

También conocido como el escéptico leal o el tradicionalista

Quince señales de que eres Leal

1. Se aferra a amistades y situaciones tóxicas por más tiempo del que debería.

2. Es percibido, y con toda razón, como un buen solucionador de problemas. Esto se debe a que usted es excelente para anticiparse a los problemas y encontrar las soluciones adecuadas.

3. Puede mantener mucha tensión en el área alrededor de su diafragma.

4. Te preocupas mucho. Seamos realistas, ¡hay tantas cosas que pueden salir mal!

5. Es leal a las ideas y a los sistemas de creencias, así como a sus amigos y familiares.

6. Puede tener problemas para conectarse con su propio sistema de guía interna. Esto puede hacer que

usted no confíe en su propio juicio.

7. Una sensación de seguridad es de suma importancia para usted y encontrar y aferrarse a esta seguridad es una fuerza impulsora.

8. Tiende a pedir consejo a muchas personas diferentes antes de tomar una decisión. Sin embargo, a medida que usted madura, la cantidad de personas en cuya opinión usted confía puede disminuir.

9. Es contradictorio en su naturaleza y tu personalidad contiene muchos opuestos. Esto se debe a que usted tiende a ir y venir entre varias influencias diferentes. Parafraseando a Walt Whitman: ¡eres grande, tienes multitudes!

10. Las personas que te rodean saben que eres de confianza y que pueden confiar en ti. Siempre estás ahí para ellos.

11. Aprecia el orden. Es importante que usted tenga una estructura firme, que haya verificado todos sus hechos y que tenga un plan de respaldo.

12. La paz mental puede ser difícil de alcanzar para usted.

13. Puede sospechar de otras personas y autoridades. Usted espera hasta que la persona u organización haya demostrado su valía antes de confiar en ellos.

14. Puede tener una tendencia a actuar desafiante contra lo que sea que encuentre amenazante. En este caso, usted puede convertirse en un rebelde y desafiar a la autoridad.

15. Es responsable, trabajador y digno de confianza. Aquellos que tienen la suerte de tener su amistad saben que siempre estarán a su lado.

¿Dijiste "ese podría ser yo" más de un par de veces? Si es así, siga leyendo. ¡Podrías ser una persona Leal!

Descripción general de una persona Leal

Como un Tipo Seis, usted anhela seguridad por encima de todo lo demás. Esto se debe a que luchas con un sentido profundamente arraigado de ansiedad que está en el centro de tu ser, seas consciente de ello o no.

El Tipo Seis en El Eneagrama tiende a preocupar mucho. No tienen ningún problema en imaginar todo tipo de escenarios, extravagantes o no, en los que todo sale mal. Temen que no hay nada lo suficientemente estable como para aferrarse a él, por lo que intentan crear esa estabilidad para sí mismos, a menudo en las relaciones personales.

Su propensión para imaginar cada uno de los posibles resultados desastrosos hace del Tipo Seis un excelente solucionador de problemas y, por lo tanto, muy útil para que otros lo tengan a mano. Pero esto no es un gran consuelo para el Lealista, que lucha por encontrar paz mental con este enfoque constante en los problemas potenciales.

Esto también puede tener el efecto de hacer que los Seis carezcan de espontaneidad. Porque ¿cómo pueden llevar a cabo una acción sin una planificación meticulosa? Si no lo hacen, ¿no colapsará todo como un castillo de naipes?

Es mucha ansiedad vivir con ella. También hace que los Seis sean más sospechosos que la persona promedio. Realmente tiene que demostrar su valentía para ganar la confianza de los Leales. Pero una vez que lo logra, tiene un amigo firme de por vida. La lealtad es un rasgo fantástico, pero los Seis harían bien en asegurarse de que no se mantendrán leales a alguien o algo mucho después de que sea hora de dejar de lado.

Los Seis a menudo tienen una relación complicada con la autoridad. Por un lado, su deseo de tener a alguien o algo en lo que creer puede hacer que cedan su control a una fuerza externa. Por otro lado, también tienen la propensión a desconfiar y sospechar de la autoridad. ¡Qué confuso! A veces un individuo de Seis se inclina más en una dirección que en la otra. A veces, pueden ir y venir entre estas dos actitudes diferentes.

El Lealista también tiene dos estrategias diferentes cuando se trata de lidiar con el miedo. Una estrategia es fóbica, lo que hará que cumplan y cooperen. El otro es contra fóbico, lo que significa que los Seis tomarán una posición desafiante contra cualquier cosa que encuentren amenazadora. La rebeldía y la agresión pueden ser el sello distintivo aquí.

Hay innumerables Leales notables. He aquí algunos de ellos: Sigmund Freud, Robert F. Kennedy, Malcolm X, Diana, Princesa de Gales, Bono de U2, Julia Roberts, Ellen Degeneres, Spike Lee, Krishnamurti, Edgar Hoover, George H.W. Bush, J.R.R. Tolkein, Melissa Etheridge, Bruce Springsteen, Mike Tyson, Woody Allen, Sally Field, David Letterman, Newt Gingrich, Jay Leno, Katie Holmes, Benn Affleck, Tom Hanks, Mel Gibson, Diane Keaton, Mark Wahlberg, Dustin Hoffman, Oliver Stone, Michael Moore, John Grisham, Prince Harry, Robert F. Kennedy, Mark Twain y Richard Nixon.

Los niveles de lealtad

Saludable

Confianza

Esta confianza es para uno mismo, pero también se extiende a los demás. Los Seis sanos tienen el equilibrio correcto, manteniendo su independencia y al mismo tiempo logrando una interdependencia cooperativa con los demás. Son capaces de colaborar con otros y trabajar juntos en armonía. Cuando los de Tipo Seis aprenden a creer en sí mismas, pueden actuar con coraje y positividad, convirtiéndola en una líder fabulosa. Ella también será ricamente auto expresiva.

Apelando por los demás

Cuando el Seis está completamente maduro y se recupera, puede ser un tipo muy entrañable y adorable. La gente reacciona fuertemente a ellos de una manera muy positiva y les tiene un afecto genuino, que es probable que reciban de vuelta en especie. Una vez que resuelven sus problemas de confianza, el de Tipo Seis saludable se mezcla con éxito con otros, lo que lleva a fructíferas amistades y alianzas.

Dedicación

Cuando el lealista sano encuentra un movimiento o un individuo en el que cree plenamente, no hay nadie más dedicado. Construirán comunidades, se sacrificarán por otros o por una causa mayor, y llevarán cooperación, seguridad y estabilidad dondequiera que vayan. Son decididos, confiables, dignos de confianza y responsables.

Neutral

Seguridad

En este nivel neutral, ocurre una especie de contracción y el Lealista tiene más bien una tendencia a jugar a lo seguro. Esto no siempre es algo terrible. En este punto de su desarrollo, los Seis invierten su energía en lo que parece probable que permanezca estable y seguro. Organizan y crean una estructura y miran a las autoridades que pueden prometer un sentido de continuidad. Nunca dejan de anticipar lo que puede salir mal e intentan establecer sistemas para evitar que ocurran tales problemas.

Indeciso

Si el Seis en modo neutro se siente confundido o si se le están haciendo demasiadas demandas, emitirá muchas señales contradictorias. Dejarán las cosas para más tarde y se volverán demasiado cautelosos, indecisos y evasivos. Serán cada vez más negativos a medida que sus niveles de ansiedad aumenten y los resultados sean impredecibles. Incluso pueden reaccionar de manera pasivo-agresiva.

Reactivo

El miedo se apodera de los Seis, aunque puede que no sean conscientes de ello. En cambio, culpan a otras personas por sus sentimientos incómodos, desquitándose con el "forastero", por ejemplo. Estarán a la defensiva a este nivel y serán muy sensibles a las amenazas, vigilando constantemente a los demás para averiguar si son amigos o enemigos. Pueden ser autoritarios y desconfiar de todo el mundo y sus maneras pueden llegar a ser beligerantes.

Insalubre

Pánico

El miedo toma el control en esta etapa poco saludable. Este sentimiento de inseguridad hace que los Seis entren en pánico y se vuelvan extremadamente volátiles. Buscan figuras de autoridad e instituciones cada vez más fuertes para alimentar sus propios sentimientos agudos de inferioridad e indefensión. Serán extremadamente críticos y difíciles de rodear.

Perseguido

Este sentimiento omnipresente de que otros están tratando de atraparlos puede hacer que los de Tipo Seis no saludables ataquen irracionalmente, lo que, en el peor de los casos, puede conducir a la violencia.

Histérico

Esto es lo más bajo que un Seis puede llegar. Es un nivel autodestructivo en el que se puede abusar del alcohol y las drogas. Es el reino de los Trastornos Paranoicos de la Personalidad e incluso podrían intentar quitarse la vida.

Las alas leales

Tipo Seis con cinco alas (6W5)

En su mayor parte, los de Tipo Seis con cinco alas son de tipo tradicional, conservadores en sus puntos de vista y deseosos de encajar en un grupo de confianza. La seguridad es lo más importante aquí. Aunque el deseo de los Seis de sentirse seguros está coloreado por la necesidad de los Cinco de analizar las cosas hasta sus componentes.

Cuando está bien equilibrado, el 6W5 es capaz de dejar ir la ansiedad. Esto los hace de buen humor, relajados y entrañables. Finalmente sienten que pueden confiar en la vida y, a su vez, esta es una persona en la que se puede confiar y en la que se puede confiar al cien por cien.

Es encantador tener el balanceado Tipo Seis con un ala Cinco como miembro de la familia. Poseedores de una confianza tranquila, serán un compañero maravilloso y una fuente de sabiduría. Podrá desarrollar un vínculo profundo con este tipo y las cinco alas agregará una percepción a su amistad duradera.

Pero a veces puede producirse un desequilibrio y la ansiedad puede volver a levantar su fea cabeza. Buscan una razón para este aumento de la tensión y si no es fácil de conseguir, ¡encontrarán a alguien a quien culpar!

Si los niveles de estrés aumentan, el mundo se convierte en un lugar cada vez más amenazador para el 6W5 y la paranoia puede empezar a aparecer. Pueden sentir que todos están dispuestos a conseguirlos y en este lugar de tensión desesperadamente incómodo, podrían buscar a alguien a quien acudir para su rescate.

Los de Tipo Seis quieren ser agradables y atractivas para los demás, pero Cinco no sabe realmente cómo lograrlo. Su atuendo tiende a no ser demasiado llamativo o llamativo.

Puede ser conveniente para los Leales con un ala de los Cinco encontrar un empleo que combine ser parte de un grupo con estar solo. Un guardabosques o un conductor de autobús podría ser un ejemplo de esto. Algunos se involucran en actividades de protección de riesgo, como la lucha contra incendios, y otros pueden buscar maneras de abogar por las personas menos privilegiadas.

El Tipo Seis con Siete alas (6W7)

El Tipo Seis con siete alas es mucho menos sometido que el Tipo Seis con cinco alas. Sus reacciones son más impulsivas y coloridas y es menos probable que analicen una situación, en vez de saltar con ambos pies. Sin embargo, la cautela de los Seis suele hacer retroceder la extravagancia de los Siete antes de que se salga de control.

Aquí hay un vaivén entre extravagancia y precaución que puede causar cierta volatilidad emocional.

En el mejor de los casos, el Lealista con siete alas es constante, tranquilo y deliberado. Cuando están en equilibrio, tanto la ansiedad de los Seis como la impulsividad de los Siete tienden a disminuir. Todavía les encanta divertirse con sus amigos, pero el deseo desesperado de seguridad se transforma en una fuerza interior. Son buenos padres o hermanos.

El 6W7 frecuentemente desarrolla un lado espiritual fuerte, experimentando un profundo sentido de pertenencia con el universo. Su fe es una gran fuente de consuelo para ellos.

Por supuesto, las cosas se pueden salir de control. Si el Tipo Seis con un ala de Siete se sale de control, la ansiedad y la inseguridad vuelven a salir a la luz. Aquí, saltarán de un estado emocional extremo al otro, buscando desesperadamente a alguien que les ayude y sintiendo una creciente desesperación.

En un estado más estresante, el 6W7 puede parecer pegajoso y desesperado, lo que ahuyenta a otras personas. Se meten en todo tipo de problemas a medida que se sienten cada vez más dependientes y tensos.

Esta variante de los Seis es a menudo físicamente atractiva y atractiva para el sexo opuesto. En cuanto al mundo del trabajo, pueden recurrir a profesiones divertidas que también tienen un elemento de seguridad inherente, como los dibujantes de dibujos animados o los críticos de cine.

Consejos para la persona Leal

1. La confianza es un problema para usted. Si eres honesto contigo mismo, lo más probable es que puedas identificar a algunas personas en tu vida en las que puedas confiar completamente. Aprecia a esta gente y mantenlos queridos. Hágales saber cuánto los aprecia, aunque esto podría hacer que se sienta vulnerable. Si usted genuinamente no tiene a nadie en su vida en quien usted sienta que puede confiar, haga un punto para encontrar a alguien, creyendo que hay personas dignas de confianza por ahí. Puede que tengas que dejar atrás tus miedos para hacerlo, pero el resultado final valdrá la pena.

2. El Tipo Seis a veces puede usar la proyección como un mecanismo de defensa, en otras palabras, atribuyendo a otros lo que no se puede aceptar en uno mismo. Esto no parece justo, ¿verdad? Ten cuidado con tu tendencia a recurrir a este comportamiento. No culpes a los demás por las cosas que usted mismo ha hecho o provocado de alguna manera. Se convierte en su peor enemigo cuando se vuelves negativo y dudoso consigo mismo, causándose más daño que a los demás.

3. Haga todo lo que pueda para calmar su ansiedad. Un paso clave podría ser aceptar que esto es parte de su naturaleza y también reconocer que hay más personas que sufren de ansiedad de lo que usted probablemente cree. Trate de relajarse. ¡Todo va a salir bien!

4. A otras personas les gustas más de lo que crees. ¡Eso es otra cosa por la que dejar de preocuparse!

5. Trate de no reaccionar de manera exagerada cuando esté bajo estrés. Esto implica manejar sus propios pensamientos de manera más efectiva y reconocer que la mayor parte de lo que le ha hecho perder el tiempo preocupándose nunca ha surgido. Los pensamientos temerosos no tienen otro propósito que debilitar su capacidad de actuar y mejorar las cosas.

Capítulo Ocho - El Entusiasta (Tipo 7)

También conocido como el Epicuro

Quince signos de que eres un entusiasta

1. ¡Usted es muy curioso y siempre está buscando nuevas experiencias para evitar que el aburrimiento se arrastre!

2. Es demasiado optimista y entusiasta, algo que otras personas a menudo encuentran "contagioso" y que les encanta estar cerca.

3. No almacena tanta tensión en su cuerpo como otros tipos y tiende a ser suelto y flexible. El desafío para ti es permanecer en tierra.

4. No está realmente preocupado por la imagen que proyecta y está más interesado en divertirse y hacer lo suyo.

5. Otras personas lo acusan de estar inquieto y pueden comentar que tiene problemas para adaptarse a una cosa.

6. Ve la vida como una aventura emocionante, con algo mejor siempre a la vuelta de la esquina.

7. Probablemente es extrovertido y un gran conocedor de las redes.

8. No niega nada - usted quiere experimentar todos los placeres que la vida tiene para ofrecer.

9. Busca distraerse de la negatividad interna en el mundo externo, por ejemplo, manteniéndose realmente ocupado y asegurándose de estar estimulado en todo momento.

10. Tiene una autoestima por encima de la media o alta, creyendo en sus puntos fuertes y en sus talentos.

11. Es versátil y a menudo puede tener múltiples talentos. Altamente práctico, puede participar en muchos proyectos a la vez.

12. Lo más probable es que sea inteligente con una mente ágil, pero no necesariamente estudioso o intelectual.

13. Puede tener una brillante coordinación mente-cuerpo y destreza manual.

14. Es naturalmente de buen humor y alegre, y normalmente no se toma demasiado en serio.

15. ¡Tiene un deseo general de vivir la vida al máximo!

¿Se reconoció a sí mismo en los signos anteriores? ¿Estaba orgulloso? Siga leyendo y descubre si este es su Tipo.

La visión general del entusiasta

Para el entusiasta, la vida está destinada a ser una gran y emocionante aventura de principio a fin. Esto hace que sea divertido estar con ellos y que la gente se sienta naturalmente atraída por su *alegría de vivir*. Siempre están mirando hacia el futuro y esperando algo mejor que está a la vuelta de la esquina.

La mayoría de los Siete son extrovertidos. Tienen toneladas de energía que les gusta gastar en todo tipo de formas, siendo multi talentosos y creativos. De hecho, son muy prácticos, con múltiples habilidades y pueden poseer un espíritu emprendedor. Si tienen un defecto en este sentido, es que a veces tienen dificultades para concentrarse. Además, tienen tantos intereses y tantas esperanzas en la "próxima gran cosa" que les puede resultar difícil decidirse por un solo proyecto y llevarlo a buen término. Sin embargo, serán expertos en promocionarse a sí mismos y a sus productos, negocios o servicios, y son personas que trabajan en red por naturaleza.

Los siete no creen en negarse a sí mismos y pueden ser buscadores compulsivos de placer. A veces usan esta actividad para distraerse de cualquier cosa negativa que pueda estar sucediendo en sus vidas. Esto puede conducir a una tendencia a la adicción: drogas, juegos de azar, etc.

El típico Entusiasta, o Epicuro, como también se le conoce, no suele carecer de confianza. Si bien esto es saludable, a veces puede girar hacia el egocentrismo o hacia una sensación inflada de derecho.

A los Siete no siempre les gusta enfrentarse a las duras realidades de la vida y a los problemas de otras personas, pero si huyen de enfrentarse a tales emociones, corren el riesgo de acumular problemas para sí mismos y sufrir ansiedad o depresión en el futuro.

Por supuesto, hubo un montón de famosos de Tipo Siete. Algunos de los que probablemente haya oído hablar son: El Dalai Lama, Mozart, John F. Kennedy, Richard Branson, Bette Midler, Goldie Hawn, Robin Williams, Galileo Galilei, Thomas Jefferson, Amelia Earhart, Kandinsky, Noel Coward, Joe Biden, Silvio Berlusconi, Suze Orman, Elton John, Fred Astaire,

Joan Rivers, George Clooney, Jim Carrey, Leonardo DiCaprio, Cameron Diaz, Simon Cowell, Larry King, Howard Stern, David Duchovny, Robert Downey Junior, Brad Pitt, Cary Grant, Stephen Spielberg, Russell Brand, Miley Cyrus, Sacha Baron Cohen y Sarah Palin.

Los Niveles del Entusiasta

Saludable

Alegre

El Entusiasta en su nivel más alto es toda gratitud y aprecio por todo lo que tiene, incluyendo todos los placeres simples de la vida. Esta capacidad de asimilar las experiencias en profundidad conduce a una especie de éxtasis que bordea lo espiritual.

Entusiasta

¡Bueno, es su nombre! Este tipo extrovertido es de buen humor, vivo y espontáneo. Responden a todo de una manera excitante y entusiasta, encontrando incluso experiencias de vida "normales" bastante estimulantes.

Multitalentoso

Sus muchos dones los hacen exitosos y productivos - capaces de lograr en muchas áreas diferentes. Debido a su entusiasmo por una amplia gama de temas, a menudo pueden verse obligados a desarrollar una variedad de habilidades.

Neutral

Inquieto

Tantas opciones, tan poco tiempo - este podría ser el mantra del entusiasta promedio. Tienen miedo de perderse, lo que les dificulta elegir entre una opción y otra. El enfoque puede ser difícil de lograr ya que constantemente buscan nuevas aventuras. Pueden ser sofisticados en esta etapa de su madurez. Les gusta la variedad, mucho dinero y mantenerse al día con la última moda.

Hiperactivo

El miedo a aburrirse mantiene a los Siete en este nivel en constante movimiento. No saben lo que necesitan para sentirse satisfechos, así que se lanzan a una actividad perpetua. Actuarán, exagerarán y se comportarán de maneras cada vez más extravagantes. Les resultará difícil seguir adelante con sus ideas.

Consumidor

Nunca sienten que tienen suficiente. Consumen en exceso, ya sean compras, comida o drogas. Nunca están satisfechos, pase lo que pase, y esto puede llevarlos a ser exigentes y endurecidos.

Insalubre

Adicto

Los Siete no saludables no saben cuándo detenerse. No pueden controlar sus impulsos y están tan desesperados por calmar su ansiedad. Pueden hundirse en niveles de depravación y su comportamiento puede volverse abusivo y ofensivo.

Fuera de control

¡De mal en peor! En un intento desesperado por escapar, estos Sietes son incapaces de lidiar con la ansiedad adecuadamente y pueden caer en acciones erráticas o impulsivas.

Autodestructivo

El nivel más bajo posible para que los Siete se hundan. Probablemente han arruinado su salud en este momento y han renunciado a sí mismos y a la vida. Lo más probable es que estén profundamente deprimidos y que intenten suicidarse. Sus síntomas aquí no serían diferentes a los del trastorno bipolar.

Las alas entusiastas

Los siete con seis alas (7W6)

El sello distintivo de un Tipo Siete con seis alas es que son entusiastas y aventureros -como cabría esperar de un siete- pero con una buena dosis de responsabilidad en la mezcla. Suena como un buen equilibrio, ¿no? Todavía les encanta buscar nuevas experiencias, pero están mucho mejor capacitados para cumplir con sus compromisos anteriores.

Aunque todo esto suena perfecto, también hay una desventaja potencial: ¡un Miedo a Perderse (FOMO)! Los Siete con un ala de Seis realmente quieren honrar sus compromisos, pero ¿qué pasa si surge una maravillosa oportunidad de último minuto? Usted puede ver cómo esta variante del número Siete probablemente se sentirá desgarrada. Desean, sobre todo, sentirse felices y realizados y la manera en que los Siete lo hacen es encontrando alegría incluso en las experiencias más pequeñas. Pero los Siete con ala Seis podrían tener una tendencia a racionalizar los sentimientos negativos, convenciéndose inconscientemente de su propia felicidad cuando, de hecho, no es el caso.

Harán todo lo posible para evitar enojarse, incluso racionalizar y justificar el mal comportamiento de los demás, porque valoran la felicidad y el optimismo por encima de todo. Las relaciones son muy importantes para ellos, como lo es la búsqueda de placer en todos los niveles y este miedo permanente de perder oportunidades potenciales.

El Entusiasta con seis alas tiene muchos rasgos positivos. La inclinación es ser altamente productivo. También cooperan bien con los demás, ya sean compañeros de trabajo, clientes u otros colaboradores. Consiguen permanecer sensibles a los sentimientos de los demás, sin pasar por alto sus emociones en la búsqueda de sus propias metas y felicidad. Incluso cuando se enfrentan a una situación estresante, el optimismo de los Siete les ayudará a salir adelante y les permitirá mantenerse en forma. Son pensadores rápidos, pero no se limitan a considerar las cuestiones superficiales. Son capaces de profundizar y considerar las cuestiones de manera exhaustiva.

Pero, por supuesto, todos tenemos que lidiar con nuestros puntos ciegos y esta variante del Tipo Siete no es una excepción a esa regla. A diferencia del Tipo Siete "puro", el Siete con seis alas se preocupan profundamente por lo que otras personas piensan de ellos y es fácilmente afectado por sus opiniones. Esto puede hacer que duden de sí mismos y llevarlos a un sentimiento de ansiedad generalizada. Y la propensión de los Siete a aburrirse no desaparece. Pueden fácilmente inquietarse en un trabajo o en una relación y anhelar algo nuevo. Y cuando el estrés golpea, el Entusiasta con un ala Seis podría luchar con la organización y el enfoque.

Al tratar con un Entusiasta con esta ala, harás bien en mantenerte optimista y optimista y realmente escucharlos, tomando en serio todas sus ideas. Les encanta chatear de una manera fluida y alegre y también aprecian mucho el aliento y el apoyo. Este será especialmente el caso cuando estén expresando emociones difíciles, las cuales encuentran desafiantes.

Recuerde lo mucho que les dan energía las nuevas ideas y experiencias y cómo la creatividad les inspira. Les encanta conocer gente nueva e ir a lugares donde hay grandes reuniones de gente para conocer. Lleve su 7W6 a una fiesta o a un concierto. ¡Te amarán por ello!

En lo que no prosperan es en horarios o reglas excesivamente rígidas. No los golpees con negatividad y asegúrate de que los Siete con un ala de Seis en tu vida tengan suficiente compañía para mantenerlos contentos y energizados. Odian absolutamente la rutina y prosperan con muchas opciones interesantes, por no mencionar la libertad de tomar tales decisiones.

En resumen, el Entusiasta con seis alas es un tipo curioso y puede ser muy productivo en las circunstancias adecuadas. Aunque todavía buscan nuevas experiencias, son leales a sus amigos y familiares. Creativos y aventureros, también les encanta construir un sentido de comunidad. A veces se les conoce como "El Explorador".

Tipo Siete con Ocho alas (7W8)

Las ocho alas le dan dureza al Tipo Siete. También los inclina a estar más orientados al trabajo. Siguen siendo entusiastas - como el sello principal del Tipo Siete en El Eneagrama - pero tienen una determinación añadida.

En un sentido general, todavía existe el temor de perderse, pero esto se manifiesta más en el miedo a la privación que en el miedo a perderse la emoción. La búsqueda de nuevas oportunidades sigue siendo una alta prioridad, al igual que el rechazo a la rigidez y la programación. El deseo básico de los Siete de estar contentos y satisfechos es atenuado un poco por el ala

Ocho y ahora puede describirse con mayor precisión como un deseo de estar satisfechos y contentos.

Aunque todavía les encanta estar en el mundo, ir a eventos donde hay mucha gente, como grandes fiestas y festivales y también viajar a lugares exóticos, el ala Ocho da una dimensión más proteccionista a las acciones de los Siete y se defienden justificando el mal comportamiento de los demás y racionalizando sus propios malos sentimientos.

El optimismo sigue siendo una prioridad para los Siete con Ocho, al igual que la gratificación personal. Siempre están en busca de nuevas oportunidades y consideran muy importante estar abiertos a nuevas experiencias. El miedo a perderse no desaparece con la presencia del ala Ocho. Todavía anhelan y adoran la compañía de otros humanos y justificarán las acciones negativas de tales humanos para evitar que se sientan mal.

Esta variante del ala Siete tiene muchos atributos. Ellos tienen un don para permanecer positivos, no importa lo que pase, y permanecer en esa importante mentalidad de alta energía. La confianza en sí mismos les llega fácilmente y a menudo tienen un carisma natural que atrae a otras personas como las abejas alrededor de un tarro de miel. Tampoco son violetas que se encogen, y son capaces de defenderse y afirmarse. Son un buen tipo para tener a su alrededor en una crisis, ya que tienen la capacidad de mantener la calma en situaciones en las que muchas personas están en pánico.

Como todo el mundo, sin embargo, el Entusiasta con ocho alas tienen debilidades que deben esforzarse por superar. Las ocho alas hacen que el encanto del número Siete sea un poco menos omnipresente. Debido a esto, los Siete con ocho alas pueden parecer bastante contundentes a veces. Pueden ofender a la gente sin darse cuenta o sin querer hacerlo. También pueden ser impacientes con las situaciones y las personas. El Entusiasta con ocho alas podría ser acusado de centrarse demasiado en su carrera y en detrimento de otros aspectos de sus vidas como sus relaciones. También pueden ser demasiado materialistas, olvidando lo que es verdaderamente importante en la vida. A pesar de todo esto, todavía podrían sufrir de la tendencia de Tipo Siete a tener dificultades para llevar a cabo los planes, una vez que el entusiasmo inicial haya desaparecido.

Cuando usted se está comunicando con esta alternativa al Tipo Siete, ellos realmente apreciarán que usted los escuche cuidadosamente. Esto se debe a que les encanta tener conversaciones y expresarse es muy importante para ellos. Les gusta que sus conversaciones tengan un propósito, no solo ir sin rumbo y su preferencia es mantener las cosas optimistas. Quieren ir directo al grano y al mismo tiempo tener la oportunidad de compartir cada uno de los pensamientos e ideas que están ocurriendo dentro de sus cabezas. Aprecian que la gente sea directa y honesta con ellos y cooperarán gustosamente para llegar a un compromiso si surge algún argumento.

Si tiene un Tipo Siete con ocho alas en su vida, nunca pierda de vista que les encantan las nuevas experiencias, especialmente las ocasiones divertidas como fiestas y celebraciones, conciertos y festivales y viajes a nuevos y lejanos destinos. ¡Las relaciones son una gran prioridad para ellos y se llevará mejor con su 7W6 si les permites ser el centro de atención de vez en cuando! Y aman mucho un buen objetivo que cumplir.

No corte su energía con reglas y límites rígidos. Odian, sobre todo, sentirse controlados. También prosperan con la compañía, así que ¿por qué no les das la tuya?

El Tipo Siete con ocho alas es a veces conocido como el Oportunista.

<u>Consejos para el Entusiasta</u>

1. Te encanta tener conversaciones y expresar todas tus variadas opiniones, pero sé honesto contigo

mismo. *¿Realmente* estás escuchando a aquellos con los que estás teniendo conversaciones?

La escucha activa es un arte que vale la pena cultivar. Piensa en todas las cosas nuevas e interesantes que descubrirás si realmente tomas en cuenta lo que otras personas te están diciendo. Incluso podría dar lugar a nuevas oportunidades. Y no siempre tiene que haber charla. El silencio es oro. No tenga miedo de colgar el teléfono o apagar el televisor. Hay beneficios reales y duraderos que se pueden obtener al no distraerse todo el tiempo y permanecer presente con sus pensamientos y emociones. Vivir con menos estimulación externa de esta manera, te ayudará a confiar en ti mismo. Usted podría incluso estar más satisfecho cuando empiece a hacer menos. ¿No suena eso como un gran alivio?

2. La vida es larga y no tiene que experimentarlo todo de una sola vez. ¡Imaginase tener todas las cenas que iba a comer en un solo día! No querría eso. Así, por ejemplo, ese tentador auto o pastel seguirá estando en la sala de exposición o en la tienda la semana que viene, e incluso puede que haya una alternativa mejor. Deje ir su miedo compulsivo de perder las oportunidades. Ellos vendrán de nuevo y usted podrá juzgar mejor cuáles son los que realmente son para usted.

3. Como un tipo Siete, le aconsejamos que observe sus impulsos en lugar de zambullirse de cabeza. No se rinda de inmediato, no importa cuánto quiera hacerlo. En vez de eso, aprenda a juzgar sobre cuáles son dignos de actuar. ¡No todos los impulsos son creados por igual! A medida que se vuelvas más observador y juzgues mejor todos sus diferentes impulsos, aprenderá cuáles valen su atención, tiempo y energía, y podrá empezar a vivir su vida de una manera más beneficiosa.

4. La experiencia no se trata solo de cantidad. También se trata de calidad. En otras palabras, unas pocas experiencias maravillosas y profundamente sentidas pueden ser mejores que mil experiencias dispersas en las que realmente no te permites estar presente. Un buen consejo para los Siete es que se queden en el momento y presten atención a lo que están haciendo en el ahora, en lugar de anticipar constantemente experiencias potencialmente mejores. Este último no es el camino hacia la verdadera satisfacción.

5. Cuestione sus deseos. ¿Es lo que realmente quiere? Cuando usted considera las probables consecuencias a largo plazo de sus deseos actuales, ¿aún cree que está anhelando lo correcto para usted? ¿O solo conducirá a la decepción o incluso a la infelicidad a largo plazo? Practique el discernimiento en todo momento.

Capítulo Nueve - El Retador (Tipo 8)

También conocido como el Gobernante

Quince señales de que eres un Retador

1. Le gusta estar a cargo. ¿Y por qué nadie lo pondría a usted a cargo de las cosas?

2. Odia que lo controlen. De hecho, rara vez deja que esto le suceda y a cualquiera que lo intente se le encuentra con mucha actitud.

3. Otros podrían acusarlo de ser dominante.

4. Tienen la capacidad de trabajar muy duro para manifestar sus metas.

5. Es un excelente mentor y puede mostrar a los demás cómo lograr lo que ha logrado, nutriendo así a los líderes del futuro.

6. Puede aburrirse muy rápidamente. Esto también puede llevar a la impaciencia.

7. Puede parecer un poco feroz y otros pueden encontrarle intimidante a veces.

8. El enojo puede ser un problema para usted y está inclinado a perder los estribos con bastante facilidad. ¡Algunas personas encuentran esto aterrador!

9. Como el nombre de este tipo implica, le encanta aceptar un desafío y, de hecho, disfrutar de dar a otras personas desafíos también, ayudándoles así a lograr sus habilidades e incluso a superarse a sí mismos.

10. Tiene un carisma o magnetismo incorporado. Esto lo convierte en un líder eficaz, sin importar en qué esfera viva y trabaje. Puedes fácilmente persuadir a otros para que te sigan.

11. Tiene una gran energía y la utiliza -junto con su formidable fuerza de voluntad- para dejar su huella en la sociedad.

12. Valora mucho la independencia y no tiene miedo de estar solo, desafiando las convenciones sociales si es necesario.

13. Posee una firme determinación que otros encuentran asombrosa y, a veces, incluso desafiando la lógica.

14. Tiene una actitud poderosa de "puedo hacer" y tiende a ser extremadamente ingenioso. Realizas las cosas de una manera dominante.

15. Tiene mucho sentido común y esto puede beneficiar enormemente a quienes lo rodean

Entonces, ¿qué le parece? ¿Eres un Retador? Otras personas pueden ofrecer sus opiniones, pero solo usted lo sabe con seguridad.

Descripción general del Retador

El control está en el corazón de la personalidad del Retador. En su esencia, son totalmente reacios a ser controlados, ya sea por una persona o por las circunstancias. Es de suma importancia para un Ocho que sigan siendo los maestros de sus destinos y los capitanes de sus almas. La otra cara de la moneda es que se inclinan a ser dominantes. Esto, junto con su falta de voluntad de ser controlados, puede llevarlos a tratar de controlar a otros. Irónico, ¿no es así? Un Retador sano es capaz de mantener esta tendencia bajo control, pero es algo contra lo que siempre hay que estar atento, especialmente a medida que uno baja en la escala de madurez. Puede ser un problema recurrente en las relaciones interpersonales de un Ocho.

Los ochos llevan el concepto de ser de voluntad fuerte a nuevas alturas. Tienen la mente dura hasta el extremo y su enorme energía y naturaleza práctica les ayuda significativamente a salirse con la suya.

El Retador desea sacar el máximo provecho de la vida y esto a menudo puede extenderse a sus apetitos físicos. Se entregan a esos apetitos sin experimentar un atisbo de remordimiento malsano.

La independencia financiera es una prioridad masiva para el Retador. Él o ella puede tener dificultad para tener un jefe. ¡Después de todo, ellos saben más que nadie! Los desafíos tienden a beneficiarse de trabajar en un campo en el que pueden ser sus propios jefes. Bajo ciertas circunstancias, un Ocho puede sentir la necesidad de optar por no participar en la sociedad, encontrando otras formas de ganar libertad financiera, ya que por lo general se sienten incómodos con las jerarquías.

El Retador tiene un miedo profundo y duradero a sentirse vulnerable. Esto puede ser perjudicial para su capacidad de formar relaciones íntimas porque, obviamente, la intimidad requiere vulnerabilidad. ¡Hay que bajar las defensas! Por supuesto, esto implica dejar ir la necesidad de estar en control y la confianza es de la mayor importancia en este campo. La traición de cualquier tipo hará que el contrincante sea más rápido. ¡Ay de la persona que viole a un Ocho de esta manera!

Lo creas o no, Ocho puede ser sentimental. Lo esconden bien, incluso de los más cercanos, pero es verdad. Esto es una indicación de lo mucho que los Ocho temen ser vulnerables. Sin embargo, si consigues ganarte su confianza, tendrás a alguien que te apoye pase lo que pase. El Retador protege enormemente a los que están en su círculo íntimo, especialmente a sus familiares y amigos, y moverán montañas para mantener a estas personas.

Un gran talón de Aquiles para los Ocho es su ira. En los niveles más bajos de madurez, esta emoción puede salirse de control y convertirse en rabia. Tal agresión puede incluso convertirse en violencia y los ochos malsanos pueden ser intimidantes, despiadados e incluso peligrosos.

No es de extrañar que haya muchos de Tipo Ocho que hayan logrado notables hazañas de éxito en esta vida. Algunos ejemplos de esto incluyen: Winston Churchill, Oskar Schindler, Martin Luther King, Serena Williams, Barbara Walters, Toni Morrison, Frank Sinatra, Bette Davis, Paul Newman, Richard Wagner, Franklin D. Roosevelt, Fidel Castro, Lyndon Johnson, Golda Meir, Saddam Hussein, Donald Trump, Ernest Hemingway, James Brown, Queen Latifah, Aretha

Franklin, Pink, Jack Black, Sean Connery, John Wayne, Mae West, Humphrey Bogart, Jack Black, Dr Phil, Roseanne Barr, Jack Nicholson, Tommy Lee Jones, Clint Eastwood, Lauren Bacall, Chrissie Hynde, Courtney Love, Pablo Picasso, Norman Mailer, Senador John McCain y, por último, Indira Gandhi.

Los niveles del Retador

Saludable

Heroísmo

A diferencia del Tipo Uno en el Eneagrama, el Tipo Ocho posee las cualidades de las que están hechos los héroes. Aquí existe el potencial para escalar alturas impresionantes y alcanzar la grandeza histórica. En la cima de su salud y madurez, un Ocho puede contener sus impulsos menores y convertirse en un individuo verdaderamente magnánimo, logrando un verdadero dominio de sí mismo. Al poseer un valor masivo, están dispuestos a enfrentar un peligro real para lograr su visión y hacer una verdadera diferencia.

Fuerte

Esta fuerza viene con una notable autoconfianza y autoafirmación. No tienen ningún problema en defender sus necesidades y deseos. Los Ocho en esta etapa saludable están llenos de empuje y pasión y nadie es más ingenioso que ellos. Una actitud de "puede hacer" es dominante en estos tipos.

Autoritario

El líder natural o comandante. Los Ocho serán los que no tengan miedo de tomar la iniciativa para hacer las cosas y hacerlas realidad. La toma de decisiones les resulta fácil, ya que rara vez dudan de su propio juicio. Son los campeones del pueblo. Ellos proveerán y protegerán y cargarán a aquellos que carecen de fuerza. Son verdaderamente honorables.

Neutral

Autosuficiente

Es de suma importancia para el Retador, en esta etapa de su desarrollo, que cuente con recursos adecuados, tanto financieros como de otro tipo. Para ello, serán profundamente pragmáticos y emprendedores. Serán la quintaesencia de los "distribuidores de ruedas", dispuestos a negar incluso sus propias necesidades emocionales mientras asumen cualquier riesgo necesario y ponen sus narices en la piedra de afilar.

Dominador

En este nivel no tan maduro, el Retador buscará doblegar la voluntad de los demás a la suya propia. No tienen reparos en imponer su visión a los demás. Dominando a otras personas, e igualmente a su entorno, los Ocho se convertirán en un "fanfarrón" y demasiado contundente. No aprecian a nadie que tenga la temeridad de cuestionar su palabra o sus decisiones y deben sentir que la gente está apoyando sus esfuerzos. Se vuelven egocéntricos en este punto y se olvidan de tratar a otros individuos con el respeto que quieren y merecen.

Intimidante

Las cosas van de mal en peor - para los Ocho y los que los rodean - a medida que bajamos más por la escalera de la madurez. Aquí es donde el Retador se convierte en algo más que un desafío: se vuelve adversario, beligerante y confrontativos. Se negarán a dar marcha atrás, incluso si sospechan secretamente que están equivocados. Esto equivaldría a perder la cara y no pueden permitir que eso ocurra. Amenazarán e impondrán castigos para extraer la obediencia de quienes los rodean, que en esta etapa se sienten cada vez más inseguros. Pero son sus peores enemigos, ya que su actitud y sus acciones pueden resultar contraproducentes, volviendo a la gente contra ellos y quizás incluso haciendo que se unan contra los Ocho.

Insalubre

Despiadado

En este nivel de desarrollo inmaduro, las cosas empiezan a ponerse bastante feas. Aquí los Ocho no se detendrán ante nada para salirse con la suya, incluyendo el comportamiento inmoral y la violencia. Si están en condiciones de salirse con la suya de ser dictatoriales, ¡ciertamente lo harán! Podrían recurrir a conductas delictivas, sin importarles si estafan a las personas. Desafiarán todos los intentos de controlarlos.

Delirante

¡Oh, Dios mío! En esta etapa de mala salud emocional, los Ocho pensarán que son invencibles. Sus travesuras ahora bordearán la megalomanía y la imprudencia extrema estará a la orden del día. Creen que son verdaderamente invulnerables

Venganza

"¡Nunca te rindas!" será su grito de guerra, pero no en el buen sentido. En lo más bajo de lo más bajo, el

Retador destruirá todo y a todos los que no se rindan a su voluntad. Descenderán a todo tipo de conducta bárbara, incluso al asesinato. Estamos en el territorio de los sociópatas.

Las alas del Retador

El ocho con siete alas (8W7)

Una persona no se pone más dura que el Tipo Ocho con siete alas. Incluso pueden parecer duros, con rasgos amplios y ásperos y un físico enorme y musculoso. Y sus acciones bien podrían coincidir con su apariencia. Esto se debe a que el Retador con un ala de Siete tiene mucha energía poderosa corriendo a través de su sistema. La abrumadora personalidad de los Ocho tiende a dominar bastante y los valores están por encima de todo lo demás, incluyendo la necesidad de los Siete de ser el alma y el alma del partido.

Su modo de apariencia puede variar mucho. Cuando están de humor y las circunstancias son las correctas, pueden estar muy bien vestidos y "unidos". Pero otras veces, cuando están preocupados, puede que no les moleste en absoluto su aspecto.

Por supuesto, cada personalidad tiene la capacidad de brillar y el Ocho con Siete alas no es una excepción. Cuando están bien equilibrados, un 8W7 puede ser encantador y con tacto. Si tienen un sentido de autoconciencia, esto puede hacerlos menos agresivos y extremos en su conducta. Se dan cuenta de que el poder real viene de dentro y que no tienen que hacer una demostración de fuerza. Descubren la paciencia y aprenden a calmar sus impulsos más destructivos.

En su apogeo, el Retador con Siete alas elegirá la bondad en lugar de la argumentación. Imagínate un gigante gentil. Usarán su poder para el bien, siendo considerados y perceptivos en su trato con la gente. Se ponen en contacto con su intuición y esto les permite juzgar con precisión varias situaciones. El 8W7, altamente integrado, dispone de opciones que no son posibles en un nivel inferior.

Pero con lo bueno viene lo malo. El Retador con Siete alas es un peligro físico para los demás. Insensible, insociable, sin tener en cuenta las reglas que rigen una sociedad civilizada, el 8W7 se convierte en un personaje muy duro. Piensa, aquí, en el matón o matón por excelencia.

Con menos integración aún, esta variante de los Ocho se desatará violentamente. Él o ella será crítico, defensivo e intolerante. Su mantra es "matar o ser asesinado".

En términos de profesiones que se adaptan a este tipo de Ocho, pueden incluir cosas como capataz de construcción, general del ejército o boxeador. ¡Por supuesto, también pueden ser una madre que se queda en casa! Todo es posible.

El ocho con nueve alas (8W9)

La potencia física sigue siendo un gran componente cuando se trata del Retador con un ala Nueve. Pero el Tipo Nueve del Eneagrama tiene una cualidad pasiva que hace que esta personalidad en particular sea silenciosa pero agresiva cuando es provocada. Imagínate un oso, normalmente lento pero capaz de violencia repentina. Las erupciones de la ira son posibles. Normalmente se mueven lentamente, pero deben sentir que la situación está bajo control antes de poder relajarse.

Cuando está bien equilibrado, esta variante del Ocho es una alegría para estar cerca. Cuando está bien balanceada, esta variante de la Ocho es un placer estar cerca. Serán amables y gentiles y estarán en contacto con su guía interior. No sentirán la necesidad de dominar. Tampoco sentirán el impulso de retirarse. Ejercen su poder sabiamente, sabiendo cuándo es beneficioso para ellos y para otros hacerlo, y percibiendo cuándo no lo es.

En el nivel más alto, el 8W9 posee una benevolencia poderosa y tiene la capacidad de ser un gran líder o maestro. Son resistentes cuando es necesario y suaves cuando es lo que se requiere.

Pero cuando no es saludable, el Ocho con Nueve alas desarrolla un profundo conflicto en su interior y se vuelve impredecible y peligroso estar cerca de él. Cuando están en silencio, puedes estar seguro de que hay ira al acecho justo debajo de la superficie. Esto puede resultar en frecuentes explosiones de ira.

En el peor de los casos, pueden descender a un estado de aislamiento paranoico. Intrusión y usted podría ser atacado o asesinado por este ser antisocial que carece de compasión o conciencia.

El Retador con Nueve alas normalmente no se preocupará por su apariencia. Prefieren simplemente relajarse. Ellos prefieren trabajos que significan que no serán molestados en exceso por otras personas. Un camionero o un guardia nocturno podría ser un buen ejemplo. ¡Por supuesto, como con cualquier tipo, usted puede encontrarlos en cualquier lugar!

Consejos para el Retador

1. Es absolutamente cierto que usted valora su independencia y esto no es necesariamente algo malo.

Sin embargo, la gente necesita gente, te guste o no y va a ser necesario que dejes entrar a otros. No es posible funcionar en este mundo como una isla y la gente no es tan prescindible como crees que es. Por ejemplo, es posible que necesite empleados que sean leales y en los que pueda confiar. Si los alienas, los perderás. Del mismo modo, en tu vida personal, estarás aislado y solo a menos que dejes entrar a la gente.

2. ¡Elija sus batallas sabiamente! No tienes que ganar cada batalla y cada argumento. Deja que otros se salgan con la suya de vez en cuando. No es verdadero poder "vencer" a otras personas todo el tiempo. Si sientes la necesidad de dominar, significa que tu ego está fuera de control y esto te llevará a un conflicto más insano. Evita esto.

3. Dese cuenta de sus verdaderos dones y capacidades, y use su poder para el bien. Conténgase si puede prever que sus acciones puedan dañar a otros. Su verdadero poder es motivar, elevar y mostrar a otros de lo que ellos también son capaces. De esta manera, usted puede ser de gran ayuda para los demás, quizás ayudándoles en una crisis. Esta es absolutamente la manera de inspirar la lealtad de la gente.

4. Otra palabra rápida sobre el poder: aquellos que se sienten atraídos hacia ti por tu poder y solo por eso,

no tienen un afecto real hacia ti. Podrían estar usándote como tú los usas de nuevo. ¿Es así como quieres vivir tu vida?

5. La gente es más amable de lo que crees. Así que déjenlos entrar, sabiendo que esto es una señal de verdadera fuerza y no de debilidad. Cuando usted desconfía de los demás, ellos se darán cuenta de esto y no tendrán una disposición favorable hacia usted. En cambio, descubra en quién puede confiar y demuestre a estos leales amigos y colegas su aprecio y devoción.

Capítulo Diez - El Pacificador (Tipo 9)

Un mensaje corto del Autor:

¡Hey! Hemos llegado al capítulo final del audiolibro y espero que lo hayan disfrutado hasta ahora.

Si aún no lo has hecho, estaría muy agradecido si pudieras tomarte un minuto para dejar un comentario rápido de Audible, ¡incluso si se trata de una o dos frases!

Muchos lectores y oyentes no saben lo difíciles que son las críticas y lo mucho que ayudan a un autor.

Para ello, solo tienes que hacer clic en los 3 puntos de la esquina superior derecha de la pantalla dentro de la aplicación Audible y pulsar el botón "Calificar y Revisar".

A continuación, ir a la página de "Calificar y Revisar", donde podrá introducir su clasificación por estrellas y luego escribir una o dos frases.

¡Es así de simple!

Espero con interés leer su reseña, ya que yo personalmente leo cada una de ellas.

Estoy muy agradecido ya que su revisión realmente marca una diferencia para mí.

Ahora volvamos a la programación estipulada

Quince signos de que eres un pacificador

1. Su deseo más querido es evitar el conflicto a toda costa. Esto hace que algunas personas lo perciban como agradable y otros lo vean como demasiado pasivo.

2. Es un experto en ver todos los puntos de vista y cada lado del argumento.

3. Tiene dificultad para establecer límites personales firmes.

4. Es capaz de unir a las partes beligerantes y puede desempeñar un papel decisivo en la curación de los conflictos.

5. Puede tener una tendencia a sufrir de dolor en la parte baja de la espalda.

6. Tiene un interés activo en el lado espiritual de la vida.

7. Cuando está en una relación íntima, puede renunciar a su agenda para estar con su pareja. Tiende a fusionarse con su más cercano y querido. Esto puede resultar en que descuides tus propias necesidades y deseos personales.

8. No le gusta tener que enfrentarse a los aspectos desagradables de la vida. A veces huye de ellos o vive en la negación.

9. Es probable que usted sea una persona introvertida.

10. Tus amigos lo describirán como una persona tranquila, confiable, tolerante y agradable.

11. Su inclinación es ver lo mejor de los demás y tener una visión optimista y confiada de la vida.

12. Probablemente encuentre gran alegría y consuelo en el mundo natural.

13. A veces puede sentirse incómodo con el cambio y esto puede hacer que sea conservador - ¡pero es más adaptable de lo que se cree!

14. Debido a que usted es tan modesto, algunas personas pueden cometer el error de darlo por sentado o pasar por alto las contribuciones a menudo significativas que usted hace.

15. Puede haber sido criado en un ambiente donde se le enseñó que el conflicto es malo y algo que debe ser evitado o negado.

¿Algo le suena familiar? ¿Más de una cosa? Entonces podrías ser un Pacificador.

Descripción general de Pacificador

Como su nombre lo indica, Tipo Nueve en El Eneagrama, el Pacificador, es un buscador de armonía en todas las áreas de la vida.

El conflicto es el enemigo en sí mismo, en lo que concierne a los Nueve, y lo evitarán como la plaga, si es que es posible. Esto puede ser un desafío porque, como todos sabemos, el conflicto es una parte integral de la vida y prácticamente imposible de evitar. Así que el Pacificador tiene que desarrollar estrategias para evitar estos enfrentamientos. Estos a menudo incluyen alguna forma de abstinencia. Esto significa que el Tipo Nueve es comúnmente un introvertido. Incluso si el Pacificador es particularmente social, ellos encontrarán maneras de alejarse de los conflictos potenciales que puedan surgir dentro de su círculo de amigos. Debido a esto, su hábito es ir con la corriente. Otros los ven como tolerantes y fáciles de llevar y, en consecuencia, fáciles de gustar.

El Pacificador tiene una visión positiva de la vida y de aquellos que los rodean. Se inclinan a dar a la gente el beneficio de la duda, asumiendo que son buenos hasta que se demuestre lo contrario. Son confiables - y también dignos de confianza - y ven el vaso medio lleno en lugar de medio vacío. Es común para ellos tener una fe incondicional -espiritual o de otro tipo- que las cosas siempre están funcionando para ellos.

Un deseo profundamente arraigado por los Nueve es un sentido de conexión. Sienten esta conexión tanto con sus semejantes como con el mundo natural. El Pacificador tiene una conexión genuina con la naturaleza y tendrá la sensación de estar en casa dondequiera que sea verde. Otra arena donde los Nueve se sienten como en casa es la paternidad. Este tipo es a menudo un excelente padre - cariñoso y atento.

El cambio a veces puede ser un desafío para los Tipo Nueve, haciendo que se sientan incómodos e incómodos. ¡Les gusta permanecer en sus zonas de confort! Esto puede traducirse en una actitud bastante conservadora hacia la vida. Cuando un Nueve no está tan bien desarrollado emocionalmente, puede sufrir una especie de inercia. Esto puede impedirles tomar las medidas necesarias para llevar a cabo los cambios necesarios. Pero cuando el cambio se manifiesta, el Pacificador puede sorprenderse a sí mismo con lo adaptables que son y cómo son, de hecho, más que capaces de ajustarse a sus nuevas circunstancias. También pueden encontrar que son más resistentes de lo que ellos mismos sospechaban.

A veces no se dan suficiente crédito y esto puede ser un gran problema en sus vidas. Debido a esta humildad innata y a su negativa a acaparar la atención, los Nueve podrían encontrarse a sí mismos dando por sentado que los demás no le prestan atención. El Pacificador casi puede sentir que la gente ni siquiera los ve. Esta falta de validación puede ser difícil de soportar y pueden sentirse invisibles. Es una verdadera lástima, ya que el Pacificador es capaz de hacer y frecuentemente hace contribuciones significativas a muchas situaciones. Esto podría manifestarse como una profunda tristeza de la que pocos son conscientes. O puede ser un enojo que se acumula en el interior y estalla de vez en cuando en un breve estallido de mal genio. O, alternativamente, puede revelarse en un comportamiento pasivo-agresivo.

Es característico de los de Tipo Nueve que no siempre tienen un sentido definido de sí mismos y de su propia identidad. ¡No saben realmente quiénes son! Esto solo se ve acentuado por su inclinación a casi fusionarse con sus seres queridos. Asumen virtualmente las características de las personas más cercanas a ellos a través de un proceso de identificación. Así que, si eres un Nueve y estás leyendo esto, ¡es posible que no te reconozcas a ti mismo!

Hubo muchos de Tipo Nueve famosos a lo largo de la historia y prominentes en nuestra sociedad hoy en día. Estos incluyen Reina Isabel II, Abraham Lincoln, Carl Jung, Walt Disney, Gloria Steinem, Audrey Hepburn, George Lucas, Princesa Grace of Monaco, Claude Monet, Dwight D. Eisenhower, Ronald Reagan, Joseph Campbell, Gary Cooper, Carlos Santana, Tony Bennett, Sophia Loren, Whoopie Goldberg, Geena Davis, Lisa Kudrow, Woody Harrelson, Kevin Costner, Audrey Hepburn, Annette Bening, Jimmy Stewart, Janet Jackson, Ringo Starr, General Colin Powell, John F. Kennedy Jr, Gerald Forde, Norman Rockwell, Jim Henson y John Goodman.

Los Niveles del Pacificador

Saludable

Auto poseído

En su apogeo, los Nueve son una alegría estar cerca. Y es una alegría, de hecho, ¡ser uno de ellos! Se sienten enormemente satisfechos por todo lo que la vida les ha dado y, por lo tanto, están sumamente contentos. Se sienten totalmente presentes dentro de sí mismos. Esto hace que tengan un sentido de, no solo independencia, sino una intensa vitalidad. Son expertos en formar relaciones profundas con otros debido a este poderoso sentido de conexión.

Sereno

Esta serenidad se deriva a menudo de un profundo sentimiento de aceptación. Esto a su vez conduce a una enorme sensación de estabilidad. No dudan de sí mismos ni de los demás. La confianza total está a la orden del día. Hay una percepción de facilidad que aportan a todo lo que hacen, en gran medida porque son pacientes, de buen humor y desinteresados. No están tratando de ser algo que no son y son personas genuinamente encantadoras. Hay una simple inocencia y una falta de pretensión que hace que los

Nueve profundamente receptivos y saludables sean un placer estar con ellos.

Solidario

El apoyo que el Pacificador presta a los demás conlleva una influencia sanadora y calmante. Son fantásticos para reunir a la gente y armonizar grupos dispares. Su optimismo tranquiliza a los demás. Todo lo anterior, junto con sus a menudo excelentes habilidades de comunicación, pueden hacer de los Nueve un maravilloso mediador.

Neutral

Autoeficacia

Este modo de conducta a menudo está diseñado para evitar conflictos en la medida de lo posible. No quieren sacudir el barco, por lo que, en consecuencia, tendrán que aguantar mucho. Pueden llegar a ser complacientes hasta el extremo y aceptar los deseos de los demás. Esto podría hacer que se pusieran de acuerdo para hacer cosas que realmente no quieren hacer. ¡Este no es un buen escenario para nadie involucrado!

Otra forma en que los Cinco podrían tratar de evitar sacudir el barco es adaptándose a los roles convencionales. No les gusta desafiar las expectativas de los demás. Un ejemplo de esto es una mujer que se convierte en esposa y madre. Luego, si regresa al trabajo cuando sus hijos sean mayores, podría dedicarse a una profesión tradicionalmente "femenina" como la enfermería o la peluquería. Este no es el tipo que comúnmente desafía los estereotipos.

Desconectado

Esta tendencia se debe a su deseo de evitar problemas y conflictos de cualquier tipo. Es posible que todavía estén participando en sus actividades normales, pero de alguna manera serán "retirados". ¡Podrías verlo en sus ojos! No están prestando la debida atención a propósito. ¡No reflexionarán sobre lo que está sucediendo porque simplemente no quieren hacerlo! Pueden volverse complacientes, soportando situaciones que no son necesariamente ideales pero que son demasiado difíciles de afrontar. Debido a esto, negarán los problemas y tendrán el impulso de "barrerlos bajo la alfombra". Construyen para sí mismos un mundo de fantasía reconfortante que es mucho más agradable que la realidad. El Pacificador puede desarrollar la indiferencia como un mecanismo de afrontamiento, ya que se niega a concentrarse en los problemas y a retroceder del mundo real hacia el olvido autoimpuesto.

Resignado

Esta renuncia es en un intento de tener paz a cualquier precio. Una especie de fatalismo se cuela en la atmósfera. ¿Por qué molestarse en tratar de cambiar algo cuando de todos modos no funcionará? Pueden ser muy tercos en esta postura, causando que los que los rodean se molesten y se frustren con ellos mientras luchan por obtener una respuesta significativa o hacer que las cosas sucedan. Pueden disfrutar de ilusiones e imaginar todo tipo de posibles soluciones mágicas. Apaciguarán a otros para evitar problemas, incluso cuando esta no sea la solución más saludable.

Insalubre

Represión

La propensión para retenerlo todo se vuelve cada vez más insana. Hace que los Nueve sean incapaces de enfrentarse a los problemas, ya que se disocian de todos los conflictos. No puede actualizarse completamente en estas circunstancias y el Pacificador permanece en un estado subdesarrollado. Esto puede constituir un peligro para quienes los rodean, ya que su conducta aquí puede ser negligente.

Disociación

En este punto, el Pacificador se disocia de la vida hasta tal punto que apenas puede funcionar. Una especie de entumecimiento se instala, mientras que ellos bloquean la conciencia de cualquier cosa que pueda molestarlos.

Catatónico

En este punto más bajo, los Nueve se encontrarán realmente desorientados, convirtiéndose aparentemente en nada más que un cascarón de sus antiguos yoes. Pueden surgir condiciones psicológicas, como trastornos esquizoides y de personalidad dependiente. Múltiples personalidades también son posibles.

Las alas del Pacificador

Tipo Nueve con una sola ala (9W1)

¡El Tipo Nueve con un ala es muy débil! La influencia de los Nueve permanecerá mayormente dominante, lo cual resultará en la intelectualidad del filtrado, pero no estará sujeto a una gran cantidad de pruebas de la realidad. Esto puede hacer que los Nueve con un ala desarrollen un conjunto de creencias que podrían parecer un poco extrañas para los demás. Pueden ser muy supersticiosos y "hadas airosas". ¡El Pacificador con un ala en realidad puede hacer que esto funcione para ellos!

El 9W1 es refinado y posee una forma de elegancia. En cuanto al estilo de vestir, se esforzarán por ser lo más discretos posible, eligiendo ropa que les permita encajar y hacerse lo más invisibles posible. La moda dominante está a la orden del día, ¡sin declaraciones extravagantes! Sin embargo, tienen un deseo de ser perfectos, debido a su ala Única, por lo que es probable que su atuendo sea limpio y ordenado.

¡No son los adictos al trabajo del Eneagrama y pueden ser partidarios de una agradable siesta por la tarde!

Cuando está en un estado mental saludable, una sola ala le da al tipo Nueve más presencia. ¡La luz está encendida y alguien está en casa! Los resultados concretos son más probables cuando el ala Uno ejerce su influencia. El Pacificador se volverá más ambicioso, pero no será presa de tanto perfeccionismo como el Tipo Uno en su estado puro. Por sus esfuerzos, esta variante del Tipo Nueve puede afectar a otros de una manera positiva y útil. Sin embargo, esto se hace de una manera sutil, no llamativa y el mundo en general podría no ser consciente de lo que los Nueve han hecho.

En un nivel psicológico avanzado, los de Tipo Nueve con una sola ala encuentran gran felicidad y satisfacción en el trabajo que hacen, empoderando y enseñando a otras personas. Ya no sienten la necesidad de retirarse e involucrarse de manera significativa en el mundo. Sus sueños se hacen realidad por fin y otros sienten el pleno beneficio de su poder auto actualizado.

En un estado no tan saludable, los Nueve con el ala Uno tenderán a retirarse de una manera típica de los Nueve y se volverán más críticos de sí mismos y de los demás de una manera típica de los Nueve. Pueden retirarse a un mundo de fantasía confortable y se desilusionan inevitablemente cuando sus interacciones en la vida real no están a la altura de sus fantasías.

Cuando el mal empeora, se molestan más con las discrepancias entre su mundo de fantasía interior y la realidad exterior. Enfrentan este escenario aislándose a sí mismos. En el peor de los casos, pueden llegar a ser psicóticos, donde apenas están presentes en un cuerpo que gradualmente se va a la ruina.

Sería muy típico para un Pacificador con una sola ala encontrar un trabajo que les permita usar su mente, pero no necesariamente de una manera muy exigente. Algunos ejemplos podrían ser los astrólogos, titiriteros y modistas.

El Tipo Nueve con un ala Ocho (9W8)

Estas personas son la sal de la tierra. El Pacificador con un ala Ocho puede parecer un poco áspero, pero igual de tierno, más bien como un cachorro torpe y de gran tamaño, ansioso por la felicidad. La inclinación es hacia la suavidad y la falta de sofisticación. Los Ocho prestarán a los Nueve un poco más de impulsividad y fuerza de lo que normalmente tendrían, pero retrocederán ante demasiada resistencia. El Nueve con Ocho alas no está demasiado ansioso por estar a la altura de todos los desafíos.

Cuando un Nueve con Ocho alas comienza a auto actualizarse, él o ella usará su energía y expansividad para salir de la pasividad. Entonces serán generosos, poderosos y benévolos.

Cuando se actualiza completamente, el Pacificador es una presencia verdaderamente edificante en el mundo. Son generosos, humildes y genuinamente buenos. Estar en su esfera de influencia es inspirador. No hacen nada, como tal. Son solo sus maravillosos yoes.

¡Pero no todo es arcoíris y unicornios! En un estado de estrés, los Nueve con Ocho alas pueden ser paranoicos y volverse casi ermitaños como en su existencia. Serán vagos y desconfiados.

En su nivel más bajo absoluto, la evasión se vuelve primordial ya que el 9W8 rechaza toda interacción humana. Es una especie de estado semi-comatoso y las persuasiones paranoicas empeoran.

En términos de apariencia física, el Nueve con Ocho alas es a menudo grande y frecuentemente fuerte. Rara vez se los verá con ropa llamativa y se esforzarán por la normalidad.

Consejos para el Pacificador

1. La conciencia del cuerpo es muy importante para los Nueve. El ejercicio ayudará enormemente aquí. Le permitirá descargar la agresión y le enseñará a concentrarse y enfocar su atención. Usted será más consciente de sus sentimientos y se beneficiará en términos de autodisciplina.

2. La ira reprimida causa daño, tanto a su salud física como emocional. Todo el mundo tiene emociones negativas, incluso tú. Cuando no lo reconoces, puedes perturbar la armonía que tanto anhelas en tus relaciones. ¡Es mucho más saludable para usted ser honesto acerca de sus sentimientos - tanto consigo mismo como con sus seres queridos - y sacar los asuntos a la luz, ventilarlos completamente!

3. Le resulta muy difícil examinar el dolor. Pero mirar honestamente por qué una relación ha ido mal, e incluso peor, admitir que posiblemente ha contribuido a este problema, es necesario, tanto para su tranquilidad como para asegurar que tal situación no se repita. Así es como se crean las relaciones genuinas.

4. Si es posible ser *demasiado* amable, entonces, como Tipo Nueve, podría decirse que es el tipo más probable en el Eneagrama para caer en esta trampa. No solo es malo por su propio bien estar constantemente de acuerdo con las necesidades de otras personas, especialmente con sus seres queridos, sino que también es malo para la otra persona y para la relación en su totalidad. Mantener la paz a veces puede tener un precio muy alto. Tiene que ser usted mismo para tener una relación exitosa y genuina. Solo cuando eres completamente honesto sobre tus propias necesidades puedes estar realmente ahí para la otra persona.

5. Soñar despierto no es un malo. Sin embargo, cuando se usa demasiado como un medio para desconectarse del mundo que lo rodea, esto no es tan saludable. Usted debe tratar de comprometerse con la gente y participar de manera significativa en la sociedad.

Conclusión

Así que, llegamos al final de este libro. ¿Lo has leído todo? ¿O simplemente te has saltado a tu tipo o al tipo que *crees que* eres? De cualquier manera, está bien. Este libro puede ser tomado como un todo o sumergido dentro y fuera de él, según lo desee el lector. ¡El enfoque que usted tome puede depender de su tipo! Un meticuloso puede leer cada frase detenidamente de principio a fin, mientras que un Siete impulsivo puede saltar a las "partes buenas". Realmente no importa, ya que este libro está escrito para todos y cada uno de los tipos del Eneagrama.

El objetivo de este libro es darle una comprensión completa del Eneagrama - la teoría detrás de él, sus orígenes, cómo funciona y cómo puede funcionar para usted. Usted puede ser guiado por lo que sus amigos y seres queridos han comentado sobre usted y su personalidad a través de los años o mejor aún, puede ser guiado por su propio conocimiento de sí mismo. Lo mejor de todo es que usted puede ser guiado por su propio sistema de guía interna. Cualquiera que sea el caso, este libro tiene la capacidad de añadir a tu autoconocimiento y a tu autoconciencia. Depende de ustedes tomarla en cuenta y aplicarla a su propia vida. ¡Recuerde, el conocimiento es poder! No sobre los demás, sino sobre uno mismo. El autodominio es clave y conocerse a sí mismo es de suma importancia. ¡Aplicar este conocimiento es oro!

Hemos tratado mucho en los capítulos anteriores. En la introducción, aprendimos los orígenes de la palabra "eneagrama" y los nombres de los pioneros en el campo, ideando la metodología y desarrollando la teoría en el eneagrama que conocemos hoy en día. Por supuesto, muchos otros que no fueron nombrados a lo largo de estas páginas también han hecho contribuciones importantes.

El Eneagrama es una mezcla compleja y útil de la sabiduría de nuestros predecesores y de los conocimientos de la psicología moderna. Como tal, puede prestar una comprensión profunda del yo, aumentando lo que ya hemos aprendido a lo largo de nuestras experiencias de vida. Puede ser usado para el crecimiento personal, para añadir profundidad espiritual, para trabajar con quienes somos compatibles y para entender a nuestros amigos cercanos y miembros de la familia en mayor profundidad. También podemos utilizarlo en el área de nuestras carreras. ¡Así que por eso nuestro jefe se comporta de la manera que lo hace! ¡O por qué ese compañero de trabajo a veces puede parecer tan extraño! Con la perspicacia y la comprensión viene la compasión y, con suerte, menos conflicto también.

Este libro lo ayudará a entender los aspectos positivos y negativos de cada tipo, tanto los tuyos como los de todas las personas que te rodean. Mejor comprensión en todos los aspectos.

El Capítulo Uno nos enseñó sobre el símbolo que representa el Eneagrama, cómo se construye a partir de tres formas separadas que se juntan para formar un todo. Tenemos el círculo, que representa la totalidad de la vida, el triángulo, que representa la "magia" número tres y el Hexad, una forma inusual e irregular, tomada de la tradición sufí, que representa la ley de siete y la ley de octava.

Dentro de la forma están colocados los números del Uno al Nueve que ahora conocemos como los nueve Tipos del Eneagrama y las líneas en el símbolo demuestran las conexiones entre los diferentes tipos.

Hemos aprendido además que el Eneagrama no es un instrumento contundente, sino una herramienta exacta que debe ser manejada sutilmente. Por consiguiente, cada persona no está hecha de un solo tipo de personalidad. ¡El Eneagrama te da alas! Descubres tu vela mirando los números a ambos lados de la tuya y averiguando por ti mismo cuál de ellos se alinea más contigo y con tu personaje único.

Entonces descubrimos que el Eneagrama y su símbolo están estructurados en tres tríadas separadas y que cada tríada contiene una emoción diferente: Uno, Ocho y Nueve son gobernantes del instinto, Dos, Tres y Cuatro están en el centro del sentimiento, y Cinco, Seis y Siete están en la tríada del pensamiento.

Usted habrá notado cómo todos y cada uno de los capítulos comienzan con una práctica lista de comprobación, que le permite a usted, el lector, averiguar lo más rápido posible quién es usted exactamente o, al menos, orientarlo en la dirección correcta. Piense en estas listas de verificación como carteles que le indican el destino correcto.

Habrá aprendido que cuando se trata del Eneagrama, es más probable que sea la naturaleza que la crianza la que tenga la clave. Un Tipo parece nacer en lugar de hacerse y a pesar de los muchos y variados cambios que ocurren en nuestras vidas, nuestro tipo básico permanecerá sin cambios, como una constante en la que se puede confiar. Y fundamentalmente, ningún tipo es el "mejor" tipo. Todos podemos esforzarnos por ser la versión más maravillosa de nosotros mismos.

A lo largo de nuestro viaje de descubrimiento sobre el Eneagrama, también nos enteramos de los niveles. En otras palabras, que hay tres niveles básicos de desarrollo en este sistema: saludable, medio o neutro e insalubre. Por lo tanto, un Uno saludable, por ejemplo, puede parecer una criatura totalmente diferente, y de hecho de tipo, que un Uno no saludable. Cada nivel está, a su vez, dividido en subniveles, en orden descendente o ascendente, dependiendo de cómo se mire. Otro ejemplo de la sutileza del Eneagrama. Saber simplemente de qué tipo eres es no saber toda la historia.

Puede ser útil darle un breve resumen de los nueve tipos diferentes y las características básicas de cada uno de ellos. Así que, en orden numérico y no en orden de importancia, les doy el Eneagrama:

1. El Tipo Uno es conocido como el Reformador o el Perfeccionista y, como siempre, estos nombres revelan mucho. El Reformador valora los principios y la integridad por encima de todo y su principal motivación es ser correcto y bueno. Se esfuerzan por alcanzar la perfección en todo momento y tratan de mantener el autocontrol. La calidad es de suma importancia y el Uno apreciará la estructura y los estándares.

El reformador o perfeccionista tiene muchas cualidades que ofrecer, como la dignidad, el discernimiento, la tolerancia, la serenidad y la aceptación. Sus lados oscuros, sin embargo, significan que pueden ser muy críticos consigo mismos y con los demás, pedantes, inflexibles y críticos.

2. El Tipo Dos es el Ayudante. Su modus operandi debe ser apreciado y apreciado. Valoran sus relaciones por encima de todo lo demás y serán generosos, amables y abnegados con este fin. A ellos les encantaría hacer del mundo un lugar mejor y tratar de hacer esto genuinamente, dando atención y apoyo amorosos a aquellos que les importan. Ellos brillan cuando se trata de ser incondicionalmente comprensivos. También son seres humildes, capaces de practicar el autocuidado saludable. En el lado no tan positivo, pueden ser manipuladores y halagadores en su modo de dar mientras se esfuerzan por recuperar lo que han dado.

3. El Triunfador, que es Tipo Tres, ¡quiere ser el mejor! Entre sus prioridades se encuentran los resultados, la eficiencia, la imagen y el reconocimiento. Son capaces de ser flexibles para lograr sus objetivos. ¡Lo que sea por el éxito! En su mejor momento, El Triunfador ofrece esperanza e integridad a quienes lo rodean. También tienen principios, son trabajadores y receptivos. En el peor de los casos, pueden parecer inconstantes y engreídos. Esto se debe a que su sentido de sí mismos se basa erróneamente en lo que hacen en lugar de en lo que son.

4. El Tipo Cuatro, el Individualista, es impulsado por su intensa necesidad de expresar autenticidad y unicidad. El individualista, como su nombre indica, es muy valorado, al igual que la autoexpresión, los sentimientos y el propósito. Son almas románticas y la belleza será muy importante para ellas, como lo es el significado. Lo mejor de los Cuatro es la autenticidad y la ecuanimidad, la sensibilidad y la satisfacción. El lado de sombra del Individualista muestra a alguien que es melancólico, temperamental y se cree incomprendido.

5. El Tipo Cinco, el Investigador, está profundamente motivado para conocer y comprender. Les encanta dar sentido al mundo que les rodea, valorando el conocimiento y la objetividad. La privacidad y la independencia son prioridades para este tipo de personas y, en el mejor de los casos, son conscientes e incluso visionarias. Pero el Cinco más oscuro es arrogante, tacaño y desconectado de sus emociones.

6. Tipo Seis, los Leales, son muy grandes en pertenencia y seguridad y su constante impulso es estar seguros y bien preparados. Como su nombre lo indica, valoran la lealtad y la confianza y son de tipo responsable. El Seis sano es valiente y devoto y posee un sentido de conocimiento interior. Cuando no están sanos, pueden dudar, sospechar o estar ansiosos y

pueden temer defensas bajas y preocuparse hasta un nivel excesivo.

7. Tipo Siete, o el Entusiasta quiere experimentar todo lo que la vida tiene para ofrecer, evitando el dolor en el proceso. Valoran la libertad y son optimistas e inspirados. La vida es una gran aventura para el Entusiasta con muchas oportunidades en el camino para jugar y ser espontáneo. En el mejor de los casos, están serenos y contentos. En el peor de los casos, pueden distraerse fácilmente, perder la concentración, ser impulsivos y no comprometerse.

8. Al Tipo Ocho, el Retador, solo le gusta actuar desde un lugar de fuerza y le disgusta mostrar sus debilidades. El control es muy importante para ellos y desean tener un impacto a su manera directa. Les encantan los desafíos y protegerán a aquellos que perciben como más vulnerables que ellos mismos. A un nivel saludable, son cuidadosos, fuertes y accesibles. Cuando no son saludables, pueden ser agresivos y dominantes.

9. El Tipo Nueve, o el Pacificador, no quiere nada más que estar en armonía con el mundo. Ellos le dan gran importancia a ser complacientes y aceptantes. Aman la paz y la estabilidad mientras odian los conflictos. En su mejor momento, son vibrantes y conscientes de

sí mismos. En el peor de los casos, pueden ser tercos e inclinados a postergar.

Así que espero que la información proporcionada en este libro y la forma en que ha sido presentada le sea de utilidad. Se han cubierto y ampliado los aspectos básicos, y se ha proporcionado una guía completa y esperanzadora. Espero que haya logrado identificar su tipo de personalidad y ganar autoconocimiento en el proceso. Ahora debe tener todas las herramientas a su disposición.

Le deseo la mejor de las suertes en su viaje del Eneagrama y, de hecho, en su viaje a lo largo de la vida. Si hay algo que me encantaría que le quitaras a este libro, es esto: que no hay tal cosa como un tipo bueno o malo. Cada tipo de personalidad abarca todos los aspectos y ningún tipo es mejor que otro. Al examinar nuestro tipo y los diferentes niveles, mi esperanza para todos nosotros es que nos esforcemos por alcanzar la cima de la salud y la madurez, sabiendo que estamos destinados a lo mejor.